CAUVIÈRE

LA PROVENCE

ET

SES VOIES NOUVELLES

Société de Saint-Augustin,

DESCLÉE, DE BROUWER ET Cⁱᴱ.

1899

I K 2
4403

LA PROVENCE

ET

SES VOIES NOUVELLES

Sic nos et eam patriam dicimus ubi nati et illam qua excepti sumus.

    Cicero, *De Legibus*, II, 2, 2.

CAUVIÈRE

LA PROVENCE

ET

SES VOIES NOUVELLES

Société de Saint-Augustin,

DESCLÉE, DE BROUWER ET CIE.

1898

AVANT-PROPOS.

Le lecteur, — si lecteur il y a, — trouvera peu de pages inédites dans ce livre. Les descriptions de pays et les études de mœurs qu'il contient, ont paru dans la Quinzaine et dans divers journaux parisiens ; l'intérêt du sujet a déterminé plusieurs feuilles du Midi à les reproduire.

Cet intérêt, qui ne passe pas, excusera l'auteur d'avoir rassemblé des fragments épars. Il leur a conservé leur forme primitive, et il pense qu'on y retrouvera avec plaisir l'accent des impressions personnelles avec la circonstance précise du jour et de l'heure. Il n'est revenu que sur les erreurs qu'il avait commises et qui lui ont été signalées par des amis plus savants que lui.

On s'étonnera peut-être de le voir cultiver, ne serait-ce qu'en passant, une *branche de littérature étrangère à ses occupations professionnelles. Pour toute réponse, s'il l'osait, il renverrait à la règle tracée à de pieux lecteurs par une plume séraphique :* Non quæras quis hoc dixerit, sed quid dicatur attende. (*Imit.*, I, V.)

DE SAINT-RAPHAEL

A SAINT-TROPEZ ET A HYÈRES

11 octobre 1890.

Ille terrarum mihi præter omnes
Angulus ridet... (Hor., *Od.* II, 6.)

I.

Sans aller sur les brisées des Aubert et des Lenthéric, sans essayer, comme M. Marius Sepet, de faire revivre dans des pages saisissantes l'histoire et la poésie du littoral de la France, je voudrais attirer l'attention et peut-être les pas du lecteur vers des parages aussi dignes d'intérêt que la côte bretonne ou la côte normande. Laissant de côté les détails d'érudition que l'on trouve dans les livres, un crayon rapide suffira à mon projet. Je ne prétends pas avoir découvert une route nouvelle, mais j'ai suivi un des premiers, et un des premiers je signalerai à l'attention un nouveau tracé. La ligne qui relie directement Saint-Raphaël à Hyères a été inaugurée il n'y a pas longtemps. Il convient d'indiquer ce sentier charmant, placé à côté de la voie battue. Mais, tout d'abord, pour qu'on ne me soupçonne pas d'une pensée d'intérêt, pour qu'on ne me croie pas à tout le moins un actionnaire de la Compagnie, j'exprimerai un regret ; ce regret n'est pas un reproche.

Si bien que l'on soit dans les wagons communicants qui ont été adoptés sur le parcours, conformément à l'exemple donné par des lignes secondaires, celle des Dombes, celle de Châlon à Lons-le-Saulnier, etc., il est permis de trouver longues les quatre heures mises à franchir quatre-vingt-trois kilomètres. La durée du trajet, jointe à l'espacement des trains, ne permet pas, dans la saison où nous sommes, de parcourir de jour la route entière, à moins de brûler l'étape de Saint-Tropez. Frappée de cet inconvénient, la Compagnie avait essayé de gagner du temps sur les arrêts, mais l'horaire fixé pour la marche des trains n'était plus observé, et des retards continuels attiraient les observations du contrôle. Inclinons-nous. Nous devons, nous, voyageurs, faire la part des exigences du trafic, qui, sur cette ligne, a dépassé toutes les espérances.

Quoi qu'il en soit, je suis très reconnaissant envers les ingénieurs distingués qui ont conçu le tracé et m'ont permis de connaître une route longtemps dissimulée à mes yeux ; car je n'avais jamais longé, de Toulon à Saint-Raphaël, que le versant occidental de la chaîne des Maures. Quand on quitte, comme je l'ai fait, la poétique résidence d'Alphonse Karr, par une claire après-midi du mois d'octobre, on ne peut, à mesure que le railway contourne le golfe de Fréjus, détacher ses regards du tableau qui se déroule à gauche de la voie. Cet arc de cercle admirable, qui a pour limites au nord les îlots de Saint-Raphaël, au sud la flèche de terre qui porte le nom de Saint-Aygulf, est constamment modifié dans sa configuration par les alluvions de l'Argens ; la terre gagne sur la mer. Au fond de la courbe, Fréjus avec son vieux clocher, ses pins

Planche 1

Saint-Raphaël. - Plage et Bains de Mer

parasol et la teinte volcanique de ses murs, sur lesquels le ciment romain offre un aspect caractéristique. Plus loin, au dessus de bancs de terre rougeâtre, les blanches façades et l'architecture de fantaisie, semi-italienne, semi-mauresque, des villas de Saint-Raphaël. Plus loin encore, un sémaphore agitant ses bras au sommet de la tour du Dramond. Par delà, le fantôme de l'Estérel dresse sa tête chenue et fait miroiter au soleil couchant ces nuances tendres, vaporeuses, qui rappellent les dolomites du Tyrol et de la vallée de la Drave. Quelques tours de roue encore, et le rideau se tire sur ce paysage maritime. Nous voici à Saint-Aygulf, ainsi nommé d'un abbé de Lérins qui, au VIIe siècle, mourut victime de son zèle pour la restauration des bonnes mœurs. Saint-Aygulf est un village... en perspective.

A Versoix nous avons des rues,
Mais nous n'avons pas de maisons.

Les habitants n'auront pas, comme ceux d'une localité de ma connaissance, à réclamer longtemps une station de chemin de fer, car elle aura précédé leur venue. Je me trompe ; quelques familles marseillaises ont déjà pris position dans la presqu'île, et elles s'y livrent, au petit jour, au divertissement fructueux de la pêche. M. Carolus Duran y a construit une maison de plaisance, où cet élégant portraitiste vient admirer l'inaltérable beauté de la nature champêtre et se distraire des laideurs trop fréquentes de l'humanité.

La gare du chemin de fer est comme bloquée dans un bois taillis. Partout des pins jeunes, élancés, d'un vert qui est la couleur de la santé. A cette culture bien connue des voyageurs venant des Alpes-Maritimes, se mêle celle des chênes-liège, qui iront croissant en nombre jusqu'à Hyères et qui alimentent une des principales industries du pays. Leurs troncs écorcés, rougeâtres, ressemblent à une peau sanglante dont on a arraché l'épiderme.

Bientôt les sinuosités de la route nous ramènent au bord de la mer. Le flot vert de la Méditerranée, fortement imprégné d'arome salin, clapote presque sous les roues de notre wagon. Nous dépassons quelques gares, telles que la Gaillarde, qui donnent leur nom à des villages à peine constitués sur le papier. Une nouvelle anse succède à la première, puis une autre encore. Nous voyons s'épanouir, à droite, la végétation puissante, ininterrompue, des Maures, qui apparaissent boisés jusqu'à la cime, et dont les replis abritent de pittoresque hameaux, semblables à des repaires de pirates, tandis que leurs proéminences portent des tours de guet, construites soit par les indigènes, soit par les envahisseurs connus sous le nom de Sarrasins. Nous passons devant Sainte-Maxime, jolie bourgade tout en façade au bord de la mer, qui fait à Saint-Tropez un vis-à-vis presque mathématique. Nous admirons enfin dans toute son ampleur ce magnifique golfe de Grimaud, qui rappelle par ses promontoires allongés, par la structure montagneuse de ses rives, par la limpidité silencieuse de ses eaux, les lacs célèbres de la Savoie et de la Suisse.

II.

La ville de Saint-Tropez est à quelque distance du chemin de fer. Le convoi s'arrête à

Planche 2

Saint-Tropez par la Ligne du Sud

La Foux, station qui dessert aussi un centre important d'élevage, caché dans un repli des Maures, Cogolin. L'antique diligence est toujours le mode de transport en usage pour se rendre au pays adoptif de Suffren. A mesure qu'elle avance, nous voyons grandir la rangée de maisons bariolées qui s'alignent le long du port ; leurs toits se mirent renversés au fond de l'onde transparente. La route est agréable, mais elle n'offre d'autre particularité qu'un pin de deux mètres de circonférence, et qui a un nom : pin de Bertaud. Il nourrit lui-même un parasite, un humble figuier, qui a pris naissance d'une graine tombée sur l'arbre séculaire et qui s'y est enraciné. Juché sur l'impériale, je contemple dans toute sa beauté ce roi des conifères et je m'incline en passant près de lui, mais c'est pour éviter le dard piquant de ses aiguilles. En revanche, je salue la croix du grand chemin, qui se dresse en avant du village. Honneur aux populations qui savent garder le symbole de leur foi au seuil des villes ! Les anciens y mettaient les statues des grands hommes : nous rougissons trop souvent, en France, d'y faire une place à Dieu !

Au point de la route où nous sommes, nous pouvons faire une comparaison curieuse. Le ton de la campagne est moins chaud, le ciel moins lumineux que dans les régions que nous avons quittées. C'est que la douceur du climat influe, semble-t-il, plus que la latitude sur la coloration du paysage. A Saint-Tropez, le palmier croît en pleine terre, mais le grand ennemi est le vent froid du nord-ouest, le mistral, qui souffle quelquefois en tempête et inonde les quais en soulevant les eaux du port. Les eaux sont pures ou à peu près, et le poisson y vit ; le silence de la soirée est troublé de temps en temps par un loup marin ou un mulet qui bondissent au-dessus de la nappe liquide. Ce poisson est d'une qualité excellente et on peut le savourer à peu de frais. Si j'ajoute qu'on se procure économiquement, dans le pays, les commodités de l'existence, qu'on s'y loge spacieusement et que l'on y fait une dépense médiocre, je crains de donner une fâcheuse idée des indigènes. Quelles gens arriérées ! pensera-t-on, quel anachronisme !

Une agglomération de pêcheurs, défendue par sa position reculée et péninsulaire, était peu propre à subir les influences du dehors. La population que j'ai sous les yeux est honnête, polie, laborieuse ; ses traits réguliers sont empreints d'une douceur un peu sauvage. La police est faite par un garde-champêtre, qui suffit à maintenir l'ordre. L'air est salubre et réfractaire, dit-on, aux épidémies.

Une rapide excursion en ville m'a révélé peu de curiosités notables. J'ai donné, comme tous les voyageurs, un souvenir au bailli de Suffren, dont la corpulence puissante, la fière stature, l'œil pénétrant, la physionomie intelligente et douce, vivent encore dans le bronze élevé au point central du quai. Une large place, plantée de platanes, une vieille citadelle, qui jouit d'une vue panoramique sur la terre et sur la mer, un élégant hôtel-de-ville, un vieux reste du château seigneurial des Suffren, recommandé à l'attention par une plaque commémorative, des rues droites, bien alignées, suffisamment propres, éclairées à la lumière électrique, quelques jolies habitations bourgeoises, enfin des maisons généralement hautes, comme on en voit dans les anciennes villes fortifiées, voilà l'inventaire à peu près complet de mes découvertes. J'allais oublier un musée récent, où l'on a rassemblé des échantillons de plantes et d'espèces animales intéressant la marine. J'omettais également de mentionner l'église, qui renferme de charmants détails artistiques ; l'attention est de préférence attirée par une sculpture naïve rappelant le martyre du patron du pays. On voit saint Tropez décapité, debout dans la barque où son cadavre fut confié aux flots, selon une tradition assez obscure. Le martyr est placé entre un chien et un coq : le chien veilla sur sa dépouille, le coq donna l'éveil aux gens du rivage, qui la trouvèrent échouée contre un rocher (1). Ce fonctionnaire du temps de Néron, qui avait refusé de sacrifier aux idoles, n'était pas plus que Suffren originaire de la localité. Il était né en Etrurie et il eut la tête tranchée à Pise ; la mer porta ses restes loin du lieu où il avait été martyrisé.

L'oligarchie bourgeoise qui composait la communauté de Saint-Tropez, résista pendant deux siècles, quoique réduite à ses seules forces, à toutes les entreprises de l'Espagne. Elle força, le 15 juin 1637, vingt galères ennemies à battre en retraite, après une vaine tentative pour s'emparer de la ville. Ce fait d'armes est célébré chaque année, le 16, le 17 et le 18 mai, par les fêtes de la Bravade. Le divertissement préféré des habitants consiste à décharger d'énormes tromblons. Ces salves, qui sont déjà importunes de jour, se prolongent jusqu'à deux heures du matin. Les oreilles sont déchirées, mais un beau spectacle réjouit les yeux. Une procession militaire défile en bon ordre ; on porte la croix, on

---

1. V' *De S. Torpete martyre* dans *Acta Sanctorum*, Maii t. IV, p. 9, vol. XVII de la collection. Nous ne croyons nullement que les deux animaux représentent, comme on l'a supposé, le supplice que la loi romaine infligeait aux parricides, supplice que l'on aurait étendu à un criminel d'Etat. Dig. 48. 9, 9 *(de lege Pompeia de parricidiis)*.

porte aussi le buste du saint. Tous les citoyens battent des mains, — sauf les partisans des fêtes laïques.

Aux touristes qui disposent de plus de temps que je n'en avais, on recommande l'excursion du cap Camarat, où ils admireront un phare de premier ordre et une perspective qui s'étend jusqu'aux montagnes les moins élevées de la côte de Nice. J'ai fait la contre-épreuve de cette dernière observation ; j'ai aperçu les feux puissants du phare du haut du monument élevé par M. Bishoffsheim à la gloire de la science astronomique.

III.

Il est temps de repartir. La seconde partie du trajet ne changera pas sensiblement nos impressions. Le convoi suit généralement le rivage. Les ondulations des Maures se prolongent jusqu'à la mer, où elles se terminent quelquefois en pente douce, le plus souvent en brusques falaises et en pans coupés. Des bouquets d'arbres pendent sur l'abîme, des flots de végétation luxuriante jaillissent du creux des escarpements. De charmantes plages se succèdent, faisant reluire au soleil de midi leur sable blanc constellé de mica. Ce sable aux blonds reflets, un commissaire de la Convention le prit pour une richesse métallique, négligée par « l'impéritie des administrateurs du Var », et qui devait permettre de « soutenir les frais de la guerre contre tous les tyrans de l'univers (1). »

Une des plus merveilleuses inflexions du

---

1. V^r A. L. MILLIN, *Voyage dans les départements du Midi de la France*, t. II, ch. LXII.

rivage est la baie de Calvaire, qui sera peut-être un jour la rivale triomphante de Cannes et de Nice.

Un cirque immense de montagnes l'enserre ; on dirait deux bras prêts à se refermer. Le vent du large a seul accès dans cette oasis africaine. Qu'un établissement balnéaire ou un hôtel à l'usage des malades peu fortunés s'établisse dans ce Nouveau Monde, les quelques villas aujourd'hui clairsemées dans la campagne ne tarderont pas à se multiplier, et peut-être assistera-t-on à un miracle semblable à celui qui fit éclore Cannes sous la baguette de lord Brougham (1).

A la joie des géologues, les pics, les pitons, les sommets coniques deviennent de plus en plus nombreux et donnent un avant-goût de la campagne toulonnaise. Le mouvement des voyageurs s'accentue ; on sent l'approche des grands centres. Le granit blanc des îles d'Hyères, les grandes Stæchades, égrenées à la suite les unes des autres et fermant presque l'horizon, étincellent dans le lointain. Vues à la distance où nous sommes, elles n'offrent pas, ces îles charmantes, la séduction d'aspect de cet admirable archipel de Lérins, situé à si peu de distance de Cannes, et dont les rochers pittoresques, la parure verdoyante, le château-fort, le vieux donjon, le monastère, exercent sur le touriste qui les voit du rivage un irrésistible attrait. De ci de là apparaissent les pointes connues et les promontoires avancés de la rade d'Hyères. Nous franchissons une localité de médiocre importance, Bormes, puis le village de Lavandou, aux façades voyantes, qui lui sert de port. C'est un mouillage qui passe pour excellent. Sans doute on fait

---

1. Ces prévisions ont commencé à se réaliser.

abstraction de l'écueil de la Fournigue, sur lequel sombrèrent le *Général-Abbatucci*, en 1885, et le *Spahis*, en 1887.

Bientôt un vaste réseau de raies blanches et de canaux annonce le voisinage des salins. On les a justement comparés à des échelles renversées. L'accent du paysage est africain, la température brûlante. Les essences les plus variées pullulent dans les jardins ; partout des palmiers, partout une flore tropicale. La culture maraîchère dispute à ses rivales les moindres parcelles de terrain. Nous voici rendu à Hyères, c'est-à-dire au terme de notre excursion. La ville est trop connue pour qu'il soit opportun de la décrire. Ne parlons pas de son récent développement ; ne nous attardons pas à ses avenues ombragées, à ses beaux hôtels, à ses remparts flanqués de tours, à sa vieille église des Cordeliers. Faisons mieux : suivons, d'un pas qu'un repos prolongé rend impatient et alerte, les lacets qui mènent au rocher auquel est adossée l'antique cité. Du haut de cette acropole aux formes harmonieuses, qui rappelle certains fonds de tableau du Poussin, parcourons du regard le chemin que nous venons de quitter. Mais quoi ! sommes-nous déjà aux regrets d'être arrivé et au désir de recommencer le voyage ? Ainsi en est-il des jours heureux de la vie. Le souvenir s'en empare et l'imagination les embellit, tandis que le temps nous en éloigne. Le poète latin avait bien observé ce charme de la perspective, et il y entrevoyait même une consolation des tristesses passées :

Forsan et haec olim meminisse juvabit.

DE MARSEILLE A GRASSE
LE CENTRAL-VAR

10 août 1892.

> *Laudabunt alii claram Rhodon aut Mitylenen..*
> (Hor. *Od.*, I, 7.)

I.

La faveur du public est, dans cette saison, acquise aux voyages. Si le lecteur avait le goût de nous suivre, nous voudrions aujourd'hui le conduire dans une nouvelle région du Var, médiocrement connue et depuis peu traversée par le railway. Comme nous l'avons dit, on ne voit d'ordinaire de ce beau département que la plaine qui s'étend de Toulon à Fréjus, grande route envahie par le flot croissant des voyageurs et qui perd d'année en année son intérêt et sa poésie. Au lieu de gagner Nice par la voie la plus rapide, au lieu de monter dans ces trains de luxe où l'on trouve tout le confort de Paris, au point d'oublier qu'on voyage, contentons-nous d'itinéraires et de modes de locomotion plus lents : voici le nouveau tracé à proposer aux voyageurs que ne tenteraient point la voie littorale et l'attrait d'une reconnaissance à faire à Saint-Tropez.

Nous sommes, supposons-le, à Marseille, et nous avons consciencieusement visité, non loin de là, le port militaire de Toulon. Tournons le dos au département du Var, où nous pénétrerons par une autre brèche, et dirigeons-nous vers Aix, « ville fine et élégante, s'il en fut », disait Weiss, qui l'avait habitée et qui la jugeait bien.

Marseille est au fond d'un entonnoir : il faut monter beaucoup pour en sortir. Mais bientôt l'œil embrasse un vaste panorama qui ressemble bien peu, depuis la canalisation de la Durance, aux rochers pelés peints par Loubon et aux misérables bastides chansonnées par Chapelle et Bachaumont. Une ceinture de montagnes encadre le pays de l'olivier et du figuier. Plaçons-nous à reculons pour jouir du paysage. A gauche surgit la longue chaîne de l'Etoile, qu'une échancrure gigantesque sépare du *Baou* de Bretagne ; devant nous sont les croupes boisées, moussues, fourrées de verdure, de Saint-Tronc et de Saint-Loup ; à droite le rocher sculptural de Montredon, dont les reliefs et les aiguilles font palpiter la lumière comme les facettes d'un diamant ; plus au centre la colline ou, pour mieux dire, l'obélisque de Notre-Dame de la Garde, aminci de plus en plus par les excavations des carriers et qui rappelle le dyke volcanique d'Aiguilhe, près du Puy, couronné lui aussi d'une élégante chapelle. Les îles de Pomègue, de Ratoneau, le château d'If, prison célèbre dans les romans et dans l'histoire, s'échelonnent le long de la rade, tandis que les mâts des navires retenus en quarantaine se balancent derrière un premier plan de rochers.

Bientôt apparaît l'immense fourmilière du port avec le va-et-vient incessant de ses bateaux, avec la brume dont le voilent une centaine d'usines flamboyantes, avec le bourdonnement de sa population cosmopolite. Ce spectacle dure peu et l'on est promptement au haut de la côte, à Septèmes, village entièrement occupé par des fabriques de produits chimiques. La végétation industrielle des cheminées de brique a remplacé les ormes et les peupliers qui bordaient le chemin. Quelques pas encore, et nous descendons dans la vallée de l'Arc. C'est un changement à vue ; nous sommes dans la campagne d'Aix, si différente de la campagne marseillaise.

On serait tenté de le croire monotone, ce paysage solitaire, où la Méditerranée manque comme fond de tableau. Rien n'égale cependant le charme et la paix de ces sites agrestes. Les teintes sont admirablement fondues sous le ciel de la Provence ; une atmosphère dorée baigne les objets et leur donne une harmonie de contours et une suavité rares. Tout prend une valeur, une notation artistique dans ce merveilleux décor, même le détail le plus insignifiant, une masure qui s'effrite sous un bouquet d'arbres, un couple campagnard qui passe en carriole, une chèvre qui broute et qui s'enfuit à l'approche de la locomotive. On distingue au loin les arches colossales du pont de Roquefavour, déjà recouvertes de cette patine du temps qui plaît tant aux archéologues. Le massif de Sainte-Victoire, bleui par le crépuscule, se dresse à l'extrémité opposée, élevant dans les airs la Croix de Provence. La ligne de faîte qui sépare le terroir d'Aix de celui de Marseille, est surmontée d'un escabeau rocheux, qui porte le nom de *Pilon du Roi*. C'est là un point de ralliement pour les habitants des deux villes. Quand ils regardent simultanément le haut plateau, leurs pensées se rencontrent ; — le fait est rare en d'autres points.

Avançons! Quelle délicieuse situation que celle de l'ancienne Collongue, érigée en marquisat en faveur de la famille de Simiane! Sa rangée de maisons bien alignées excite la convoitise du passant ; elles semblent se dérober et chercher l'ombre et le mystère, loin du tumulte de la ville, à l'abri du rocher qui les domine. Puis, vient Gardanne, localité importante, où s'embranche la ligne qui mène à Saint-Maximin. Saint-Maximin est le siège du plus bel édifice religieux de la Provence, le point de départ du pèlerinage de la Sainte-Baume, qui fut cher de tout temps aux Méridionaux. Les botanistes trouveront d'ailleurs leur compte à visiter ces parages, car la forêt de la Sainte-Baume est unique par ses échantillons d'espèces disparues. Le point extrême de la ligne est Carnoules, où l'on rejoint la grande artère qui va des Bouches-du-Rhône aux Alpes-Maritimes. Mais il est temps de revenir sur nos pas.

Nous nous acheminons vers Aix par les pentes boisées de pins, par la superbe forêt de Luynes.

II

La vieille capitale du roi René n'a pas besoin de description. Nous voudrions, — sans énumérer en détail ses curiosités tant de fois signalées, — fixer sa physionomie dans une impression d'ensemble. Par sa demi-solitude, sa population savante, son grand air, son passé de gloire, Aix rappelle Pise, et, comme la cité italienne, elle exerce une singulière fascination sur les gens d'étude. Que le modeste locataire d'un étage parisien se représente la haute classe magnifiquement installée dans des hôtels antiques ; ces hôtels empourprés par les chaudes caresses du soleil, ornés de frises richement sculptées, de balcons soutenus par des cariatides, entourés enfin de jardins où jaillissent des eaux vives. La ville étale de loin la couronne polygonale de Saint-Sauveur, sa métropole, la flèche élancée de Saint-Jean-de-Malte, son vieux beffroi dont le timbre sépulcral, semblable à une voix d'outre-tombe, rappelle le fuite des années à l'insouciante jeunesse des écoles. Sur de larges boulevards, bordés de maisons d'un grand caractère, et où bruissent de charmantes fontaines, j'ai vu, dans mon jeune temps, passer, les soirs d'été, la population variée de la ville.

Voici le béjaune étourneau qui va s'accouder et tuer le temps, à la devanture d'un café. Voici le profil fin et futé d'un conseiller qui, au sortir de l'audience, promène sa jeune famille. Remarquez, chose rare à Aix, un trotteur affairé : c'est un employé des postes, qui sort tard de son travail et se hâte d'arriver au repas où l'attend un cercle de bouches affamées. De loin en loin, sous le frais ombrage, une rangée de parents et d'amis qui chuchotent à mi-voix la chronique un peu monotone de la ville : le groupe cancanier baisse mystérieusement le ton, tandis que vous passez. Je parle de souvenirs d'il y a vingt-cinq ans. La ville était déjà bien déchue de sa grandeur passée. Des contemporains de la Restauration m'ont encore dépeint le brillant mouvement d'équipages, le beau tumulte de cavaliers et d'élégantes paroissiennes qui se croisaient, le dimanche, au sortir de la messe, sur la place des Prêcheurs. Pourtant l'activité de la ville tend à se ranimer, l'industrie du bâtiment en témoigne. De gracieuses villas s'élèvent et s'appellent l'une l'autre sur la ligne des remparts. Le jour viendra peut-être où la capitale en deuil, dédaigneusement traitée de faubourg de Marseille, relèvera le mot et, selon ses traditionnelles prétentions, deviendra pour sa voisine un nouveau faubourg Saint-Germain.

Si le voyageur passe la nuit à Aix et repart de bonne heure, le lendemain, il peut encore arriver dans l'après-midi à Grasse. L'air frais du matin donne à la campagne un ton vif et piquant, qui engage à se remettre en marche. A mesure qu'on monte dans la direction des Alpes, l'aspect du pays devient plus sévère et, par moments, pierreux et désolé. De ci de là c'est une construction restée inachevée, une tour solitaire au sommet d'une montagne, un de ces vieux châteaux du Midi qui recèlent, souvent à l'insu du châtelain, de vrais trésors artistiques. Croirait-on que dans ces parages où lapins et lièvres ont peine à se nourrir aujourd'hui, on chassait autrefois les chevreuils et même les sangliers et les cerfs? M. de Ribbe, dont on connaît les études approfondies sur la constitution de la famille ancienne, et qui s'est occupé non moins savamment du reboisement des montagnes, le constate avec preuves dans un de ses derniers écrits.

Arrivé à Meyrargues, on change de ligne et de train. On n'aperçoit que de loin le vaste découvert de Pertuis, pays charmant, déjà empreint de la poétique physionomie du Comtat. La Durance fait un coude et se dirige vers Avignon. Singulier cours d'eau que celui-là, qui ne porte, malgré sa largeur, aucune embarcation! La végétation semble se retirer de ses bords. C'est que le flot a de terribles caprices, qui lui donnent parfois les allures d'un torrent. Laissons longer ses rives aux voyageurs qui vont à Digne, à

Embrun, à Briançon, et rabattons-nous sur la ligne de Grasse. Notre part sera encore assez belle.

III.

A la gare du chemin de fer du Sud, le transbordement des bagages prend un bon quart d'heure. Deux ou trois wagons s'alignent le long du quai d'embarquement. Le personnel de la Compagnie est complaisant et poli. Quand le sifflet retentit, les fauteuils et les banquettes sont garnis à peu près en entier. Déjà nous avons sous les yeux un curieux champ d'observation. Nous sommes au point d'intersection du Var et des Basses-Alpes ; le type de la population s'en ressent. Le teint est généralement brun, la physionomie intelligente sous un masque un peu rude. Ce ne sont plus les traits distingués, mais frustes, de l'habitant des villes. La chaleur d'août est intense ; beaucoup de cultivateurs ôtent sans façon leur veste et la tiennent sur le bras. Un groupe de jeunes gens chantent en chœur une de ces romances vagues et invariablement mélancoliques qu'aiment les paysans. Cette musique élémentaire me repose des effroyables jurons dont la gent provençale est coutumière, et qui étonnaient Victor Hugo, dans un de ses voyages au pays même que nous traversons.

Nous dépassons Peyrolles, Jouques, Rians, bourgades qui ne sont pas toutes insignifiantes, Rians notamment, qu'un artiste bien connu, M. l'abbé Pougnet, a ornée d'un bijou architectural, une merveille d'église qui ferait pâlir plus d'une cathédrale. La plupart des villages sont sur la hauteur, et des tours de défense, dites sarrasines, en révèlent le motif. Ce pays-ci a conservé de curieuses traces des Maures. Chaque ville montre son église qui domine les toits rouges des maisons voisines ; chacune aussi a ses vieux murs, selon la règle immanquable du Moyen-Age. La plupart du temps, le rempart sert de substruction aux édifices privés et l'on voit, à travers la continuité factice du bâtiment, la teinte et la coloration de deux âges. De nombreuses croix plantées sur les points culminants jalonnent la route. Vestiges de piété appréciables dans un pays peu religieux, où les passions démagogiques n'ont pas cessé de faire rage depuis 1848 !

Voulez-vous voir un village de Troglodytes ? Regardez Varages. On se demande comment certains habitants ont eu l'idée de se loger dans des grottes, quand ils sont au haut d'une montagne ? Vous rappelez-vous, au Château-du-Loir, près de Saumur, ces habitations singulières dont un nuage de fumée accuse l'existence dans le sous-sol ? On voit ici chose analogue. Les nombreux trous dont le tuf de Varages est percé, lui donnent l'aspect d'une éponge. Joignez à cela que les habitants reposent au-dessus d'une voûte travaillée jadis par les eaux, et aujourd'hui à sec depuis que la ville s'est une première fois abîmée. Qu'on nous parle encore de la solidité du plancher des vaches !

Depuis un temps immémorial, chaque localité du Var a son industrie distincte. A Varages on fait de la poterie ; à Flayosc la plupart des habitants sont cordonniers ; ailleurs, les plants de chênes-liège encouragent l'industrie des bouchonniers. Les carreaux de pavage de couleur rouge et de forme hexagone, que l'on nomme «tomettes» ou « mallons » dans le Midi, sont fabriqués à Salernes. Cette répartition assez grossière des forces économiques date de l'ancien temps. Nous détaillons davantage aujourd'hui, nous entrons dans des ramifications plus nombreuses, pour résoudre le problème de la division du travail.

Au niveau où nous sommes, le système orographique du département du Var se dessine en plein. Toute l'ossature montagneuse est visible, et, chose curieuse, qui rendrait témoignage de la simultanéité des affaissements, les grandes lignes parallèles des massifs offrent exactement le même profil ; on dirait des remparts successifs. Depuis la montagne de Sainte-Victoire, la chaîne la plus éloignée, jusqu'à la Sainte-Baume, dont le bloc imposant s'élève aux portes de Brignoles, cette identité de structure est frappante. Le même phénomène se reproduit ailleurs, à Aix en Savoie, à Grenoble. Une des montagnes qui abritent Grasse des souffles du Nord, forme un triangle extrêmement ouvert, et cette figure se répète de distance en distance pour les cimes voisines. On dirait des *répliques*, pour employer le langage des architectes et des sculpteurs.

Je me suis trop avancé en disant que les localités desservies par le Central-Var sont juchées sur des hauteurs. La règle fléchit en beaucoup de cas. On annonce Barjols ; je mets la tête à la portière : rien. Barjols se dérobe dans un pli de terrain au-dessous de la station. Les environs de cette petite ville, qu'on dit charmante, ont la réputation d'un Tivoli provençal. Partout chantent des sources descendant des sommets, mettant en mouvement de nombreuses usines, et jadis des papeteries dont le tic-tac se mêlait, comme une piquante manifestation de l'activité humaine, aux sauvages harmonies de la nature, à la beauté pittoresque des sites. Mais Barjols est déjà loin, quoique nous n'allions pas très vite.

Voici à droite Pontevès, un nom qui réveille le souvenir de la vieille aristocratie et dont les derniers héritiers, établis à Marseille, sont entrés, par suite d'adoptions, dans l'illustre famille des Sabran. De nobles ruines se dressent au haut du coteau. Si nous faisions l'histoire du pays, nous causerions des surprises aux modernes économistes. A cette heure où l'on est si préoccupé de la question des salaires, on constaterait avec plaisir que la redevance payée par le fermier était fort modique, au XVe siècle. A la vérité, il fallut alors repeupler un pays montagneux et fertiliser tout un territoire devenu inculte. La tâche du cultivateur est plus facile aujourd'hui.

On se dirait, à Pontevès, bien loin de la grande route et perdu dans les contre-forts des Alpes. Erreur ! De rapides échappées de vue à travers les échancrures des montagnes laissent déjà apercevoir la chaîne des Maures et les marnes rougeâtres de l'Estérel. Le rocher monumental de Roquebrune nous oriente dans la direction de Fréjus. Poursuivons. Voici Sillans à qui sa ravissante cascade valut une visite et même une description de Gassendi. Un peu après, Salernes ; on entrevoit ses maisons rangées en façade, qui boivent la lumière du Midi. Cette lumière est tamisée, sur la place de la paroisse, par un orme gigantesque, qui abritait autrefois la justice paternelle du bailli, et qui ne protège plus, depuis, que l'échoppe d'un savetier, installé dans le creux de l'arbre et fort différent d'une hamadryade. Nous avons négligé de faire, un peu auparavant, le pèlerinage du fervent démagogue à une résidence semi-seigneuriale, voisine du château de Fox-Amphoux. On y vénère la mémoire de Barras, ce patriote provençal qui proposa, avec Fréron, de ravager la Provence pour affamer les

Anglais, alors maîtres de Toulon ; Barras, ce digne ancêtre de nos modernes révolutionnaires par ses lâches violences et le cynisme de ses mœurs.

Lorgues mérite d'être marqué d'un trait d'arrêt, d'autant plus qu'on ne soupçonnerait pas, de la station, l'existence de la petite ville. Elle est fière du beau vaisseau de son église, enrichie des dons d'une famille bienfaisante du pays ; elle montre aux étrangers sa fontaine historique et le panache splendide de ses puissants ormeaux. On pourrait prendre ce point de départ pour une excursion à l'abbaye du Thoronet, construite, au XIIe siècle, par les moines de Cîteaux, et qui offre un des meilleurs spécimens du style de transition du roman au gothique. Du pieux asile où les fils de saint Benoît et de saint Bernard filèrent la trame silencieuse de leurs jours, il reste debout, dans un état suffisant de conservation, l'église, le cloître et la salle capitulaire.

Nous ne ferons pas de halte à Flayosc, village qui évoque encore le souvenir d'un nom cher à la Provence, d'une branche de la famille des Villeneuve. Une immense courbe nous promène autour de Draguignan, qui se découvre à nous sous une grande variété d'aspects, et qui déroule ses maisons et ses fabriques dans une vaste plaine, arrosée par la Nartubie, ceinte d'un hémicycle de montagnes, parée d'une riche végétation de vignes sous un ciel riant.

IV.

Dans le département du Var, les services civils et religieux ont été répartis d'une façon très équitable. Fréjus, qui ne serait sans cela qu'une ruine romaine, a fort heureusement gardé l'évêché ; Toulon possède le préfet maritime ; Draguignan est le chef-lieu administratif. On contemple de loin, en abordant ce chef-lieu, sa tour carrée de l'Horloge, qui a l'air d'un observatoire abandonné par l'astronome, et une église ogivale moderne, qui élève sur trois nefs ses gracieux arceaux. On peut aisément visiter la ville dans l'intervalle d'un train à l'autre. Un large boulevard et un square ombragé acheminent, au sortir de la gare, à une préfecture somptueuse et bien installée. L'écho y murmure encore le nom d'un de ses anciens habitants, le baron Haussmann, le démolisseur — ou le constructeur — de Paris, comme on voudra le qualifier.

Les curiosités n'abondent pas à Draguignan. Mentionnons toutefois l'ancien quartier juif, où se dresse une porte antique, et, à un kilomètre au nord, la *Pierre de la Fée*, dolmen imposant, qui constitue un des rares monuments mégalithiques de la Provence. Au cœur de la ville, une place grande comme un mouchoir de poche. Non loin de là, des pâtés de maisons pittoresques et une chapelle en ruine, où Luther aurait fait entendre une parole encore conforme à la foi. La population paraît avenante envers l'étranger, les gens du peuple le saluent, ce que je n'ai guère vu qu'en Italie. Le Palais de Justice, aperçu de loin, n'inspire pas l'envie de pénétrer à l'intérieur. Si l'on s'y risque, on trouvera recueillie dans le vestibule une des quatre statues, œuvre de Fossatty, pense-t-on, qui ornaient, à la Chartreuse de Montrieux, le tombeau du comte de Valbelle. Le buste du séduisant gentilhomme est placé dans une salle du Musée et ne paraît pas indigne du ciseau de Houdon.

Planche 3

Ligne du Sud de la France. - Draguignan

Revenons au Palais de Justice. A aucun titre on ne peut le qualifier de construction ornementale. Le rôle des assises du Var est toujours très chargé. Et encore combien de criminels échappent, par exemple les incendiaires, qui sont en bon nombre! L'Etat a, par ses agents forestiers, judicieusement organisé la défense de ses bois. Aussitôt que le feu se déclare, on entend résonner des avertisseurs électriques ; les vigies donnent l'alarme. Partout de larges percées permettent d'isoler le fléau. A ce dessein, on allume, à une certaine distance du foyer, de petits feux, bien surveillés. Autrefois on cherchait par là à opérer une révulsion, un appel d'air contraire.

Mais allez donc prêcher les mesures de précaution aux simples particuliers ! L'incurie et l'avarice des paysans ne leur permettent pas le moindre sacrifice de terrain ou d'argent. En attendant, les montagnes se dégarnissent, les pluies deviennent de plus en plus rares, les torrents sont de moins en moins contenus. Les habitants du Var et des Alpes-Maritimes, qui exerçaient presque tous le métier lucratif de marchand d'huile, se plaignent de la stérilité de l'olivier en présence d'une sécheresse persistante. En vain l'administration centrale fait-elle de louables efforts pour reconstituer les fourrés et les taillis d'autrefois (1). En vain s'enorgueillit-elle des transformations qu'elle a opérées sur maints coteaux arides, par exemple sur les flancs dénudés de la montagne de Céruze, tableau qui égaye aujourd'hui la vue quand on va

1. C'est avec raison que les publications consacrées au Var et aux Basses-Alpes louent les résultats obtenus, dans ces deux départements, par M. Muterse, inspecteur des forêts à Fréjus, puis à Digne, et appelé depuis à exercer à Draguignan son infatigable et intelligente activité.

de Grenoble à Gap. Les communes sont les premières à paralyser cette restauration, parce que les bestiaux ne trouveraient plus à paître dans les sections soumises au reboisement. Les possesseurs de troupeaux, membres riches et influents des Conseils municipaux, afferment, pour un prix minime, les pâturages communaux et ménagent en proportion leurs propriétés privées. Quand on propose de vendre à l'Etat ou de mettre en défens le communal, ils font, en parfaits égoïstes, échouer la proposition. Et cependant, même en tenant compte des calculs de la politique, la conduite des municipalités est bien peu intelligente. Elles pourraient concilier tous les intérêts. Il suffirait de reboiser par quartier et successivement. On ne soustrairait aux ruminants qu'une portion changeante et limitée de terrain, pour une période de dix ans par exemple. Après ce temps de pousse, quand la végétation serait suffisamment haute, on lâcherait impunément les moutons, si ce n'est les chèvres ; les plants seraient à l'abri de la destruction (1).

Quittons Draguignan sans nous demander, comme d'anciens *Guides*, si ce pays gracieux ne nous réserve pas quelques traîtrises ; il y a de longues années, on y signalait une maladie redoutable, la *suette*. La route, qui était belle jusqu'ici, revêt un caractère de plus en plus pittoresque. Un sol admirablement accidenté, des vallées qui s'enfoncent comme des abîmes, un revêtement d'oliviers robustes, en forme de chênes, bien

---

1. M. Briot, inspecteur des forêts, a, dans les *Alpes françaises*, études sur l'économie alpestre, p. 211, indiqué avec une grande précision un plan de reboisement efficacement appliqué au Mont Genèvre, et qui concilierait la pratique actuelle du pâturage et du parcours avec les réformes imposées par la loi du 4 avril 1882.

différents de l'arbuste au feuillage gris-sale, qui tord ses maigres bras à Aix et à Marseille, enfin le tracé même de la ligne, conspirent pour le plaisir des yeux. La locomotive fait de nombreux circuits, qui diversifient à tout instant le paysage. Figanières, où subsistent les restes d'une potence féodale, n'offre qu'un intérêt historique. Son noble seigneur, Gaspard de Vintimille, fut, en 1660, condamné à mort, par contumace d'ailleurs, devant le Parlement d'Aix, pour avoir maltraité un sergent royal. A l'exécution de la sentence il déroba sa tête, mais non sa bourse. Il paya une amende et vit combler son cachot seigneurial. Le savant archiviste M. Mireur, qui a exhumé ce souvenir, peut constater que, dans le Var, on prise aujourd'hui moins haut le respect dû à l'autorité.

Le village de Callas ressemble à un nid de brigands. Les habitants n'ont pas cependant une méchante réputation ; on s'amuse, dans les pays voisins, de leur prétendue naïveté. Clavier est au haut d'un pain de sucre qui paraît porter une forteresse inabordable. On plaint les piétons asthmatiques qu'on voit gravir, en soufflant et en faisant des crochets sans fin, ce cône géant. Mais la station du chemin de fer a justement trouvé le point de jonction de cette montagne et du massif voisin. Elle marque le col de passage.

V.

Au risque de stupéfier le lecteur, je lui avouerai que j'ai mis pied à terre à Seillans. Ce ne sont pas seulement des souvenirs de famille qui m'y attiraient : il est bon, pour prendre une idée juste d'un pays, de visiter ses plus petits recoins. En trop de points les grandes villes se ressemblent; le rouleau de la civilisation, en passant dessus, a abattu leurs arêtes et a presque effacé leur relief. Ce sont partout les mêmes hôtels à l'architecture fastueuse et banale ; partout on est reçu par le même type de majordome, imposant et bien nourri ; les vitrines des boutiques font miroiter les mêmes denrées coloniales, les mêmes articles de Paris. Les rues se coupent à angle droit : qui en voit le commencement en voit la fin. Regardez au contraire une localité comme Seillans, qui n'a pas eu le temps de changer ; vous vous croiriez encore aux derniers siècles. De la voie ferrée, elle ressemble à une de ces villes triangulaires comme en représentent sur les ex-voto les imagiers naïfs du moyen-âge. La gare est desservie par un employé ou deux. On y trouve pourtant le luxe d'un omnibus, pour épargner au voyageur le kilomètre de chemin qui le sépare de la place centrale.

Seillans a fourni le cadre d'un récit qui a eu naguère un certain retentissement, le *Fada* par Zari. *Fada* est synonyme d'homme simple, dans la langue du cru. Quel était le personnage désigné ainsi ? On a prononcé le nom d'un savant et fort estimable professeur de droit qui enseignait, il y a bien des années, à la Faculté de Paris. Je ne parle pas de M. Ortolan, né à Seillans, quoi qu'en ait dit Joanne ; je parle d'un homme qui lui tenait de près. Est-il vrai que ce jurisconsulte, distrait comme le sont les gens d'esprit, ait passé dans les bois du pays, où il s'était perdu, trois jours entiers sans se reconnaître ? Ne nous égarons pas à sa suite. Bornons-nous à jeter un coup d'œil, en passant, sur la chapelle de Notre-Dame de l'Ormeau, qui avoisine la gare. Là s'élève un autel récent, de marbre, au dessus du lieu où a été retrouvé un cippe antique. Il est dominé par un beau retable, de 1547, portant d'un côté une *Adoration des Bergers*, de l'autre une *Adoration des Mages*, et au milieu un arbre généalogique, dit *Tige de Jessé*.

Seillans, l'ancienne ville des *Suetri*, au dire de certains géographes, est un village vieux, industriel, mais propre. Ses rues montantes sont pavées mieux que de bonnes intentions. Au lieu des cailloux pointus qui déchirent le pied dans les villes des bords du Rhône, elles portent par le milieu une bande de dalles plates. La vieille église se pare encore des flambeaux jaunis que tenaient, il y a plus de cent ans, agenouillés devant l'autel, les fabriciens nos pères. Son crucifix plus récent, au bois rugueux, garde la confidence des larmes que déjà des générations de fidèles, des âmes broyées par l'épreuve, ont répandues à ses pieds. Le goût archéologique du passé sera comme une ancre de salut pour notre société frivole, qui, sans cela, ne tiendrait plus à rien, qui est toujours disposée à rompre avec les enseignements de l'histoire et les pieuses traditions de nos aïeux.

L'humble cité que je parcours est pleine d'intérêt ethnologique. La population de Seillans est un peu sauvage, avec un type original et parfois très expressif ; elle ressent peut-être, mais elle dissimule avec intelligence, cette curiosité badaude qui, dans les petits pays de France, dévisage, intimide et met en fuite l'étranger. Le tempérament est sanguin ; sa riche sève est entretenue par la pureté de l'air, et aussi, dit-on, par la pureté de l'eau.

Un vrai Pactole d'eaux de source verse l'or de la santé dans des vasques résonnantes. Les Parisiens, longtemps réduits au purin que roule la Seine, apprécieront plus que d'autres un pareil bonheur. Les fontaines de Jouvence qu'on trouve à Seillans ont une réputation si bien établie que certains évêques de Fréjus, dont on m'a cité les noms, y envoyaient quérir, malgré la distance, le breuvage que les poètes, hormis Pindare, ont dédaigné de célébrer.

Je laisse à d'autres le soin de parler d'une danse exécutée à la file, où les hommes figurent seuls, danse pratiquée surtout ici, quoiqu'elle fleurisse généralement en Provence, comme la bourrée fleurit en Auvergne. Ce qui fait l'âme de la Mauresque ou farandole, c'est la bonne humeur; ce qui fait son ressort, c'est un bon jarret.

Je cherche vainement, en errant à travers les rues, un exemplaire local de ces palais scolaires que les disciples de Paul Bert prodiguent à l'instruction laïque et qui ruinent la génération d'aujourd'hui pour corrompre celle de demain. Je ne puis m'empêcher de rappeler, à ce propos, un détail fait pour confondre les fauteurs des dernières lois d'enseignement. En 1844, dans un rapport célèbre, M. Villemain reconnut, tout universitaire qu'il était, qu'avant la Révolution, le savoir était plus répandu que de son temps : les archives de Seillans confirment pour leur part la statistique de ce rapport célèbre. On y voit que le savoir était distribué libéralement sans coûter un sol au trésor public. Des hommes distingués, qui ont laissé dans l'instruction publique un nom et un souvenir durables, avaient fait des études très suffisantes de latin dans la maîtrise du village. Aujourd'hui comptez le nombre des écoliers qui, au sortir du lycée,

Planche 4

Pont sur la Siagne. - Ligne du Sud de la France

savent l'orthographe ; heureux quand ils n'ont pas laissé sur les bancs, outre leur temps et leur argent, leur belle santé !

Il est temps de nous éloigner. Mais, auparavant, jetons du haut d'une vaste terrasse un regard circulaire sur une campagne douce, aux teintes argentées par l'olivier et dominée au loin par cet inévitable Estérel, qui lève la tête comme s'il avait des yeux pour nous suivre. Nous apercevons, en reprenant le train, un promontoire avancé sur la ligne, un chef-lieu de canton, Fayence, qui captive les yeux par la disposition en hémicycle de ses blanches maisons. Faut-il rappeler que ce pays n'a nullement donné son nom à la poterie dite *faïence ?* Mézeray l'a cru avec un excès de naïveté.

Nous arrivons à Montauroux, point à partir duquel la déclivité du terrain est sensible. Nous *descendons sur Grasse,* expression qui désoriente les Cannois, riverains de la mer, à qui apparaît, au loin, érigée sur un piédestal, la ville rivale. Quelques foulées encore de la machine à vapeur, et nous pénétrons dans la profonde vallée de la Siagne. Là nous attend un immense viaduc, construit au-dessus de la rivière. Ce pont métallique, qu'on entrevoit à peine du wagon, et qu'il faut contempler en se reculant pour jouir de la perspective, joint l'élégance des proportions à la grandeur imposante de la masse. Il mesure 275 mètres de long ; il a trois travées dont une compte 71 mètres de hauteur. Par ce trait d'union colossal, les propriétaires forestiers de la montagne sont mis en communication rapide avec les commerçants de Grasse et de Cannes. Importante au point de vue commercial et à raison des débouchés qu'elle ouvre, la nouvelle ligne ne l'est pas moins au point de vue stratégique. Tandis que les boulets d'une flotte ennemie peuvent, de la Napoule, labourer la voie littorale et y empêcher toute circulation de troupes, la route frayée par le Central-Var permettra de mobiliser promptement et sûrement les forces militaires et de pourvoir au ravitaillement des armées.

Le chemin de fer, commencé aux deux bouts, qui reliera Puget-Théniers à Digne, rendra les même services ; ce sera le complément des travaux que le génie a semés le long de la route de la Corniche, depuis Nice jusqu'à la frontière. Allez voir ces formidables poudrières qui, à un moment donné, feront sauter les voies ordinaires et peut-être la montagne elle-même. Les Italiens ne s'endorment pas de leur côté. Si vous ne redoutez pas le dénûment inhospitalier des misérables villages échelonnés du côté de Sospel ou vers Saint-Martin-Vésubie, vous ferez une promenade instructive à la limite des deux pays. Vous contemplerez, non sans terreur, les mines, les batteries, les forts, qui ont été établis à nos portes. Il est bon toutefois de se rappeler, en présence de cet appareil menaçant, ce qu'écrivait naguère le général de Villenoisy et ce qu'on a dit souvent avant lui, c'est que les guerres sont d'autant moins fréquentes que les engins de destruction sont plus savamment conçus. Le vieil adage est toujours vrai : *Si vis pacem, para bellum.*

VI.

Nous touchons au terme de notre voyage. Les stations du parcours n'offrent plus grand attrait. De temps à autre nous voyons surplomber au-dessus de nos têtes une série de maisons rangées en enfilade, que supporte une muraille de rochers. On dirait que les habitants vont, en sortant de chez eux, dégringoler sur la voie. C'est à peu près l'aspect qu'offre Cabris. Là, résidait cette marquise de Cabris dont un rare écrivain, dont un artiste en portraits a buriné la physionomie en quelques lignes. Digne sœur de Mirabeau par l'esprit et l'extravagance, c'est là qu'elle étonnait le pays par ses chevauchées, c'est de là qu'elle troublait la société d'alentour par ses brocards mordants et ses commérages. Elle avait enveloppé son frère, de passage à Grasse, dans ces querelles de village, et l'on vit un jour le futur tribun se colleter avec un gentilhomme d'âge et rouler avec lui dans la poussière du chemin, tandis que Mme de Cabris et ses amies, nous dit M. Rousse, se pâmaient de rire à l'ombre des micocouliers.

Nous descendons la montagne en décrivant de nombreux méandres pour aboutir finalement à Grasse ; Grasse, ville étonnante, ville obscure et sombre sous un ciel de feu, ville humide sur un sol brûlant, sachet de parfums, de tubéreuses et d'iris, vieil évêché sordide d'aspect, quoique fort riche, Grasse qui laisse l'impression d'une crypte creusée au sommet d'un mont.

Arrêtons-nous. Nous voulions poursuivre ce récit jusqu'à Nice, mais les chroniqueurs nous ont devancé. La dernière partie de la route a été décrite, il y a un mois, aux lecteurs de l'*Illustration*, avec accompagnement de gravures que ne sauraient égaler nos croquis à la plume. Comme Moïse, nous laisserons nos compagnons au seuil de la Terre promise. Puissent-ils avoir trouvé moins long que les Hébreux le temps mis à les diriger ! Ce n'est pas précisément un désert que nous avons parcouru ensemble, et la manne miraculeuse n'est pas nécessaire pour nourrir les passagers dans un pays aussi fertile que le département du Var. Mais ses produits agricoles ou forestiers n'étaient pas l'objet de nos convoitises ; nous voulions collectionner les impressions pittoresques, les souvenirs, j'allais dire les découvertes, car tout voyage en apporte sa part à celui qui sait regarder. J'ignore si le lecteur aura pris plaisir à mes racontages. Quelqu'un du moins s'y est vivement intéressé, c'est le conteur.

LA COTE D'AZUR

LE CHEMIN DE FER DE LA TURBIE

NOTRE-DAME-DE-LAGHET

6 octobre 1894.

*... Humilemque videmus
Italiam. Italiam! primus conclamat Achates.*
(*Aeneid.* III, v. 522.)

I.

Depuis le légendaire compagnon d'Énée, que de voyageurs ont poussé le même cri et subi le même charme ! Pour les pâles habitants du Nord, entrer en Italie, c'est passer dans un autre hémisphère, où le jour succède à la nuit, où tout est lumière et beauté, où la séduction des arts s'allie à la fête de la nature, où, sous l'ombre des grandes ruines, verdoie la civilisation chrétienne, où le fût des colonnes antiques soutient les jeunes ceps plantés par des paysans qui ignorent Virgile. Gagnons l'extrémité de la Gaule Narbonnaise, prolongement de Rome, qui déroule ce que Rome n'a pas connu, une gamme végétale des produits de l'Europe entière. Un riche trésor est ramassé dans le modeste espace de six lieues.

Déjà, quand le wagon fait halte à Fréjus, la séduction vous gagne. Déjà vous découvrez la mer des Néréides, *caeruleum mare*, et les ruines de la vieille cité font un majestueux portique au pays d'Ausonie. A partir de ce moment les coups de théâtre et les changements à vue se succèdent sans interruption. Qui pourrait rester froid devant ce spectacle ? Saint Bernard avait cheminé un jour entier le long du lac de Genève sans remarquer cette mer intérieure, dont la vue n'interrompit pas ses méditations (1). Il fut, dit-on, plus sensible à l'attrait des Alpes-Maritimes. Il ne se borna pas à les admirer, il les célébra. Nous sommes loin de ces temps de décadence littéraire où l'on décrit la nature pour elle-même ; et cependant saint Sidoine Apollinaire revit dans l'effusion lyrique du docteur du XIIe siècle. Il venait de prêcher la seconde croisade et passait par Monaco : qu'y voit-il ?

Area, veris speculum, quae, velut succini gemma palem, solis blanditias et coeli serenitatem advocat (2).

Mme de Sévigné ne ressentit pas tout à fait pour ce pays accidenté la propension de la paille pour la perle d'ambre. Elle appréciait peu la route bordée de précipices, la lisière d'abîmes où elle voyait suspendue Mme de Grignan, qui était allée en visite auprès de la princesse de Monaco.

---

1. Vr *La vie de saint Bernard*, trad. du latin par GEOFFROY, abbé de Clairvaux, secrétaire du saint abbé, liv. III, chap. 2.

2. Plusieurs auteurs mentionnent le fait et l'un d'eux, notamment, donne la citation latine. Vr Benedict-Henry REVOIL, *Monaco et Monte-Carlo*, p. 349. Nous devons avouer que nous avons vainement cherché le passage dans la correspondance authentique de saint Bernard.

En 1781, Mme de Genlis goûtait davantage la beauté tragique de ces parages. Quant au président de Brosses, ne lui demandez pas de sortir du domaine de l'archéologie ou de la gaillardise. Ne lui parlez pas de ce chemin « large de quatre doigts, bordé par des précipices de quatre cents pieds. » Ce facétieux magistrat a passé à côté de la nature pittoresque sans l'apercevoir. Il a été distrait comme saint Bernard à Genève, mais sans avoir la même excuse.

J'ai dit que le charme commence à Fréjus. Passé la ville, on s'engage dans les couloirs rougeâtres de l'Estérel, et l'on mesure à la longueur de la traversée l'épaisseur de cette montagne qui, vue de Cannes, paraît toute en premier plan, comme les coulisses plates d'un théâtre.

Peu avant de sortir d'un tunnel ménagé, comme le tube d'un kaléidoscope, pour le plaisir des yeux, on contemple la séduisante baie de la Napoule.

Au fond est Cannes, qui évolue autour de son château abbatial, découronné de ses mâchicoulis; Cannes, qui aligne jusqu'à la pointe de la Croisette ses maisons d'égale hauteur, rangées comme un collier de perles blanches. Par delà s'estompe, dans la brume chaude, le calvaire d'Antibes, d'où nous lorgne l'œil de verre d'un phare monumental, flanqué d'une tour à signaux et d'une chapelle de pèlerinage. Nous voici déjà à la vieille colonie de Marseille, à Antibes, ville au profil grec, dont la belle ceinture de murs est, depuis le déclassement de 1893, condamnée à disparaître pour laisser la population et les villas se répandre sur les glacis.

Le Fort-Carré domine la place de guerre à la façon d'un jouet gigantesque, « un colifichet », disait Vauban : il n'est depuis longtemps qu'un spécimen purement ornemental de la vieille architecture militaire. A gauche, se déroule le panorama changeant des villages étagés sur la hauteur : Biot qui attend, penché sur ses jarres vides, l'exquise liqueur de l'olive trop souvent piquée du ver ; Tourrettes, ancien *oppidum*, ainsi nommé de son triangle de tours ; Vence, le vieil évêché de Godeau et de Surian ; Saint-Paul, qui ne cherche plus derrière ses remparts classiques un abri contre les incursions des Sarrasins. Le rocher cylindrique de Saint-Jeannet s'incline en forme de tour penchée et menace de rouler jusqu'aux habitations situées à sa base. Plus près de nous est Cagnes, qui pyramide autour d'une colline dont la roche disparaît, en maint endroit, sous l'amas des maisons. Auparavant, à notre rencontre est venue Villeneuve, couronnée de son manoir pentagonal, dont les créneaux ne sont plus qu'un décor d'opéra-comique. Nous avons traversé la Brague, cours d'eau languissant hors le temps des crues, et qui a, comme tous les paresseux, des accès d'activité fébrile. Le temps n'est pas loin où il ensevelit tout un convoi de voyageurs, après qu'il eut rompu le viaduc fragile qui l'enjambe.

Voici un fleuve mieux alimenté, le Loup. Vient ensuite le Var, qui précède la ville aux constructions somptueuses : le faubourg de Nice commence. Au-dessous de la route se terre et se dissimule Saint-Laurent, d'où émerge un clocher pointu. Ce charmant village nourrit grassement ses habitants du produit de ses terres alluviales.

Quittons les rives du Var, toutes deux françaises depuis le 22 avril 1860. Déjà les crêtes des Alpes italiennes, encapuchonnées de neige, descendent peu à peu vers l'horizon et se dérobent même derrière les premiers plans. On aperçoit tout au plus la ligne brisée du sommet, qui dentelle l'azur du ciel comme les sinuosités de la côte dentellent l'azur des mers. Une gare sonore, un hall immense annoncent l'arrivée à Nice.

II.

... Vous n'attendez pas de moi, lecteur, une description, qui arriverait après cent autres. Je payerais volontiers aux annexés le tribut dû à de vrais compatriotes. *France rustique*, disait-on de Puget-Théniers ; *Nice de Provence*, la nommait Cavour. Le site est admirable, la ville unique, j'en demeure d'accord. Rappelez à sa louange que les primeurs y règnent toute l'année, que le gazon y renaît en novembre et y fleurit sous la froide étoile de Noël. Admirez à souhait cet éventaire parfumé de toutes les espèces botaniques. Les violettes de Parme, les pensées, les primevères, l'edelweis des montagnes, les anémones, les géraniums toujours revêtus de leur pourpre, font à la reine des hivers une couronne florale qui la dédommage de sa couronne comtale perdue. Cette coquette n'en a pas moins un sourire voulu et une grâce fardée. Laissez là, si vous m'en croyez, le tumulte de son carnaval et de ses confettis, grelots de folie qui étourdissent sans divertir. Laissez là ses casinos, son veglione, sa colonie mi-partie de souffreteux et d'aventuriers. De même qu'en ce moment elle cache la plaie béante de son Paillon sans eau sous un parterre orné de rocailles, ainsi masque-t-elle sa misère morale sous un air de fête qui ne trompe pas. Elle a la joie lugubre des hommes de plaisir.

Quittons ce caravansérail, bourdonnant en hiver, morne et désert en été. Enfonçons-nous dans le chemin voûté en tunnels, dans « la flûte percée de trous » qui mène à Villefranche. On revoit toujours avec plaisir, sinon la ville elle-même, construite en caves et en échelles, du moins cette rade militaire qui serait devenue la rivale de Cherbourg, si les plans de Napoléon Ier avaient été suivis. Sans être âgé, on peut se rappeler que, bien avant le voyage de l'amiral Avellan à Paris, les aigles impériales de France et de Russie se sont donné ici le baiser d'alliance. C'était en 1865. La flotte de la mer Noire était venue chercher en grande pompe le corps du tzarewitch, mort à Nice le 2 avril. Quel décor de la nature, quelles tentures merveilleuses pour ces funérailles princières ! Le cadre qui borde le miroir des mers a la teinte sombre des pins qui plongent leur pied et réfléchissent leur tronc dans le flot tranquille ; mais, comme les flancs de l'Etna et du Vésuve, ce sol si riche a joué sous l'action des forces volcaniques. Nous ne parlons pas du tremblement de terre du 23 février 1887, quoique tout récent. Nous parlons des mouvements de terrain qui s'accusent dans la physionomie du calcaire littoral. Un long cordon de coquilles fossiles, analogues, disent les géologues, à celles de la baie, atteste, à quinze mètres au-dessus de l'eau, l'élévation progressive du rivage.

Si nous continuons à avancer, l'embrasement de l'atmosphère révèle les approches de Beaulieu. La partie occidentale de la presqu'île a reçu le nom de *Petite-Afrique*. Elle le doit à ses parois rocheuses teintées de rouge, sortes de briques vernissées qui réverbèrent un soleil tropical. Autour de nous le feuillage d'oliviers colossaux, balancés par la brise, argente et moutonne un océan de verdure. L'âpre senteur du pin sylvestre alterne avec les capiteux effluves des bosquets d'orangers. Une ivresse poétique gagne le cerveau. Mais voici un employé bleu qui court le long des wagons en criant : Monaco ! Peu de monde au débarcadère. On se réserve pour la station suivante, qui est celle des joueurs. Il faut savoir que la rouge et la noire attirent trois cent mille pèlerins par an.

O touristes, que vous entendez mal votre plaisir ! Que ne donnez-vous un coup d'œil à la bonbonnière monégasque ! Cette capitale est une « ville de poche », comme de Brosses disait de Livourne. Laissez-vous tenter par ces rampes en escalier, par ces bastions souriants, enguirlandés de roses, par ces canons à âme lisse que dessert une armée d'une centaine d'hommes, par ces pyramides de boulets pleins, immobilisés depuis des siècles ! Des rues minuscules, droites, sans souillures, des édicules de bergerie, dominés par la masse gigantesque de l'ancien couvent de la Visitation, font rêver d'un conte de fées. Monte-Carlo est loin d'offrir cette parure d'innocence.

Nous y descendrons cependant, mais sans faire halte. Arrivés au plateau des Spélugues, ainsi nommé des grottes voisines ou peut-être de l'exploitation d'anciennes carrières, nous tournerons résolument le dos à la maison de jeu, antre de la bohême internationale. Des décorations mauresques, un luxe tout asiatique, les clinquants et les repeints y miroitent comme la livrée du vice. Nous ne nous attarderons pas dans ces allées luxuriantes d'arbres exotiques, fourmillantes de palmiers au mobile éventail, de cactus étalant leurs raquettes, et enfin d'euphorbes immenses, plante qui empoisonne, dit-on, le lait des chèvres qui la broutent, et à laquelle, anciennement, les Egyptiens demandaient des songes révélateurs. Nous traverserons rapidement ces jardins d'Armide, et nous nous dirigerons vers un édifice moderne, coiffé de deux tours orientales, dont la faïence émaillée de bleu évoque, sous un ciel d'Orient, un vague souvenir de Brousse. Là nous trouverons le railway qui fait, en vingt-trois minutes, l'ascension de la Turbie. Une compagnie anonyme, au capital de 1.600.000 francs, a reçu, en janvier 1892, la concession de cette ligne. Le système de traction adopté est connu sous le nom de Riggenbach. Il est au service des voyageurs depuis le 18 février 1894.

Regardez cette tour à demi démantelée, à l'aspect gris et lourd, qui nous invite à monter. Elle est à près de cinq cents mètres au-dessus de nos têtes. C'est là que nous allons. Mais, penserez-vous, n'y a-t-il pas deux délicieux sentiers de piétons ? Ne tentent-ils pas le voyageur, ces lacets pittoresques qui laissent voir un dallage de pierre à travers la fourrure des bois, et par où s'élèvent, juchés sur leurs mules, graves, silencieux, dans une attitude sculpturale, des paysans bariolés, au profil italien, qui font le service de la Turbie au littoral ? Quel besoin y avait-il de réveiller l'écho de cette nature endormie, par le sifflet d'une locomotive ? A quoi bon souiller de fumée la beauté de ce paysage arcadien ?

Rassurez-vous ! Le site n'est pas déparé pour si peu. La solitude gagne, à la circulation des trains, une favorable animation. A voir de loin l'énorme scarabée qui monte ou redescend le long de rails presque verticaux, on ne regrette pas l'élément de variété que la machine de Watt a introduit dans le paysage. D'ailleurs, la gent étiolée qui passe sa journée devant la bille d'ivoire serait-elle tentée par l'ascension de cette côte ardue ? Tout au plus prendrait-elle, en mol équipage, la rampe qui part de Roquebrune, si elle ne préférait arriver par Nice, pour redescendre sans fatigue, en une heure, par l'un des deux chemins de piéton. Et encore, pour la descente, dois-je dire que j'ai rarement trouvé des amateurs.

Si j'étais d'humeur jalouse, je querellerais la Compagnie sur ses affiches. Pourquoi le nom de *Righi provençal* ? Il semble que rien ne vaut les recommandations exotiques ! L'idée des chemins de fer de montagne n'est-elle pas tombée dans le domaine public ? Est-ce d'hier qu'elle a été appliquée à Langres, pour relier l'agglomération urbaine à la station de la Compagnie de l'Est, qui en est assez éloignée ? La France a établi, depuis, plusieurs voies de ce genre. Qui a traversé Aix-les-Bains sans gravir le Revard, ce plateau sur lequel les anglomanes en quête d'émotions peuvent prendre un vague aperçu du mal de montagne, ressentir une surdité momentanée, gagner un de ces coups de soleil fréquents sur les sommets, où la vapeur d'eau ne fait plus écran aux rayons de la lumière ? Qui n'a admiré de là-haut, grâce à la secourable crémaillère, la charpente osseuse de la Savoie apparaissant tout entière, avec ses vertèbres saillantes qui sont des montagnes, et ses enfoncements qui sont des lacs splendides ? A un moment donné de l'ascension, qui n'a été ébloui par le sceptre du Mont Blanc, déroulant, dans une sorte de représentation de commande, la série parfaitement distincte de ses glaciers et de ses aiguilles ? Et cela dans une perpective plus saisissante que si on le contemplait de Chamonix ?

S'il nous fallait choisir entre ce panorama merveilleux et celui qui nous attend à la montée de la Turbie, peut-être donnerions-nous au dernier la préférence. Le géant alpestre n'atteint pas à la séduction de cette mer qui caresse les rives monégasques. On la voit peu en partant ; la vue est courte et limitée, le coup d'œil est à droite. D'ailleurs, la bonne disposition des wagons permet de se porter sur divers points et de regarder dans tous les sens. L'ascension est lente ; elle rappelle l'allure adoptée sur certaines lignes du Midi, celle des Martigues, par exemple, où les voyageurs, pour se dérouiller les jambes, quittent, quand il leur plaît, le train en marche et le suivent sans se hâter.

Sur les banquettes se presse une colonie étrangère nombreuse. Les Anglaises consciencieuses ont le nez plongé dans leur Murray, cherchant à raisonner leurs émotions et à éviter toute erreur dans leurs enthousiasmes.

Un silence anxieux règne dans les rangs. Involontairement on se demande ce qu'il adviendrait si le convoi venait à reculer. Le convoi ne reculera pas ; le système adopté a fait ses preuves. Le train glisse sur deux rails. Dans l'intervalle deux autres rails constituent une crémaillère alternée où s'engrène, soit à l'aller, soit au retour, une roue dentée, qui ne permet pas de rétrograder. En cas de surprise, une paire de freins à air comprimé arrêterait le mouvement descendant des wagons. La crémaillère, d'abord adoptée au Mont Cenis (chemin de Fell), avant le percement du grand tunnel, a été aussi établie au Pilate. En cent endroits, elle a remplacé le funiculaire. Celui-ci garde encore sa vieille clientèle, tout au moins dans une partie du parcours, sur la ligne de Montreux en Suisse. Il règne à la montée de Fourvières et à la Croix-Rousse, à

Planche 7

SOCIÉTÉ ALSACIENNE DE CONSTRUCTIONS MÉCANIQUES

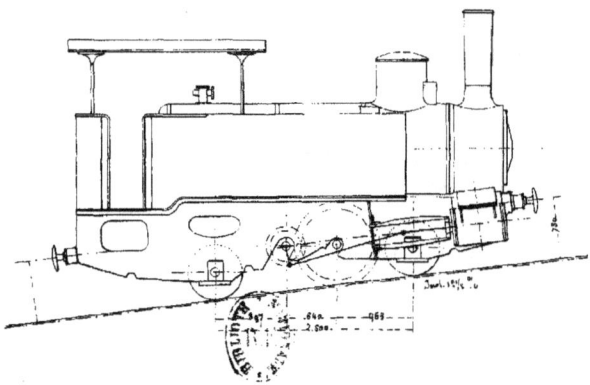

LOCOMOTIVE à roue dentée

DIMENSIONS PRINCIPALES

Poids de la Machine à vide	15.250 k.	Surface de chauffe totale	50.200
Eau dans la chaudière et combustible sur la grille	1.700	Surface de la grille	1,080
Eau dans les soutes	1.800	Diamètre des cylindres	0,350
Combustible dans les soutes	250	Course des pistons	0,500
Poids de la Machine en service	18.500	Diamètre des roues porteuses	0,684
Diamètre moyen de la chaudière	1,080	Diamètre primitif de la roue dentée motrice	1,050
Timbre de la chaudière	11 k.	Nombre de dents	80
Nombre des tubes	143	Écartement des essieux extrêmes	2,500
Longueur des tubes	2,400	Longueur totale de la Machine	6.725
Diamètre intérieur des tubes	0,041	Largeur totale de la Machine	2,303
Surface de chauffe des tubes	44,306	Entre les mentonnets des rails	1,000
Surface de chauffe du foyer	6,000		

Lyon. Il se combine avec la crémaillère à Notre-Dame de la Garde, à Marseille. Il fonctionne — ou ne fontionne pas — à Belleville. Avec le funiculaire, notre vie est suspendue à un fil, mais ce fil est un câble ; avec la crémaillère, elle est retenue à une ancre. Je me demande si, voyageant en plaine, nous aurions plus de sécurité.

A mesure que nous poursuivons, la gauche du panorama se développe et la vue devient circulaire. Roquebrune se cramponne aux flancs de la montagne, qui a déjà glissé une fois et dont les éboulements servent de support à la petite ville. Le cap Martin allonge sa flèche hardie, surmontée des ruines d'un monastère. Bien avant sainte Thérèse, qui excella dans les choix de ce genre, les Ordres monastiques situaient déjà admirablement leurs maisons. Ils ont couronné les promontoires d'asiles de prière on ne peut mieux placés pour réjouir la vue. Comme les Religieux, certains peuples montrent à cet égard un goût rare. En Orient, nous avons remarqué avec quel art les Grecs et les Turcs choisissent la place de leurs monuments.

Le long du cap, à l'œil nu, on voit s'échelonner un élégant hôtel et de jolies villas. Dans le nombre est celle de l'impératrice Eugénie, qui a fait de ce lieu sa résidence, en souvenir peut-être du promontoire de Saint-Martin, où jadis elle passa d'heureux mois, près de Biarritz. C'est ici le dernier palais qu'ait en terre de France cette brillante comtesse de Montijo qu'une fortune inattendue mit sur le plus beau trône du monde, qu'une fortune plus surprenante encore en précipita au milieu de l'effondrement de sa patrie adoptive. La femme bienfaisante et courageuse qui prodigua ses soins aux cholériques parisiens et qui contrecarra de son mieux la politique révolutionnaire de l'Empire, traverse quelquefois le vestibule de la maison de jeu, et elle charme jusqu'aux moindres serviteurs par l'affabilité de son commerce. Elle a, pour supporter ses épreuves maternelles et conjugales, ce qui manque aux joueurs voisins, ce dictame de la foi dont l'a munie la catholique Espagne.

La route tourne et nous déroule le paysage, à la façon d'une toile qu'on déploie. Plus mignon, plus lilliputien que jamais apparaît Monaco, que nous surplombons, et qui a l'air d'une ville en relief dans un musée géographique. Si le Diable boîteux reparaissait et soulevait le toit de ses habitations, don Cléophas plongerait d'ici une vue presque perpendiculaire. C'est de la même façon que Quasimodo dut voir Paris du haut des tours de Notre-Dame.

A gauche, dans un enfoncement, se détache à demi Menton, au-delà duquel brille une large tache qu'on prendrait pour un terrain incendié. Ce sont les *Rochers rouges*, dont les sommets portent la douane italienne, et la base des cavernes peuplées de squelettes primitifs.

Urget rupe cava pelagus,

s'il est permis de citer Lucain à l'oreille illettrée du contrebandier.

Une éminence plus éloignée fait surgir Vintimille. A la hauteur où nous sommes, nous pourrions, avec une lunette militaire, suivre le mouvement des troupes qui font, en habit gris et la longue plume au chapeau, l'exercice sur la place. Toutes ces péninsules, teintées d'azur par l'épaisseur de l'atmosphère et la distance, ont un rythme frappant ; elles convergent à la Méditer-

Planche 8

Chemin de fer de Monte Carlo à La Turbie

ranée comme les jantes d'une roue à son moyeu. La dernière presqu'île porte Bordighera, petit Jéricho méditerranéen, célèbre par ses plants de palmiers, dont les feuilles ligottées et devenues blanches fournissent à la chapelle Sixtine une provision traditionnelle, le dimanche des Rameaux, et ornent aussi, chez les Juifs allemands, la fête des Tentes. On admire de vrais jardins de Sémiramis dans la villa Moreno. On visite aussi avec plaisir la résidence d'été de M. Charles Garnier, l'architecte, et celle de M. Bishoffsheim, l'astronome (ou peu s'en faut), installé moins richement à Bordighera que le directeur de l'Observatoire, défrayé par ses subsides, ne l'est à Nice. La route de Gênes se poursuit bien au-delà. Mais ne me demandez pas de vous mener plus loin. L'enchantement disparaît et ne reparaît que par intervalles, du moins par la ligne du railway. Etais-je mal disposé ce jour-là ? Peut-être ! Toujours est-il qu'il m'arriva, il y a quelques années, de rebrousser chemin et de sacrifier le billet que j'avais pris pour Gênes. Une nature terne et grise avait succédé au ruissellement des richesses végétales, et le tumulte inexprimable qui s'élevait dans un patois sans nom, aux abords des gares italiennes, me fit regretter les fourrés égayés par les trilles de la fauvette et du pinson.

III.

Reprenons la crémaillère. Nous avons fait halte à une station sans importance, la Bordina. Deux immenses fils de la Vierge se courbent au-dessus de la vallée. C'est le télégraphe qui relie la Turbie aux villes de la côte.

Nous arrivons promptement au débarcadère. Près du terre-plein est une terrasse en demi-lune, d'où l'on embrasse un segment de mer incomparable et d'où l'on peut aussi se donner le plaisir de suivre l'exode des voyageurs redescendant à Monte-Carlo. Un entrepreneur avisé a élevé à cet endroit un observatoire en planches. On voit avec un puissant grossissement la Corse, que l'on aperçoit d'ailleurs, à l'œil nu, d'une moindre élévation, quand le temps est clair, chose fréquente en décembre. Ce n'est nullement un effet de mirage, comme quelquefois on le dit, car nous aurions à ce compte une image renversée. En supposant l'île au-dessous de l'horizon géométrique, ce qui n'est pas (son éloignement est de cent soixante-dix kilomètres environ, et ses plus hautes montagnes atteignent plus de deux mille sept cents mètres), c'est par un phénomène de réfraction, non de réflexion, qu'elle serait visible. Nous la verrions comme nous voyons une pièce d'argent, dissimulée au fond d'une terrine, se manifester tout à coup, quand la terrine se remplit d'eau. Nous la verrions comme, le 30 octobre 1886, nous contemplions, du haut de Notre-Dame de la Garde à Marseille, le cône du Canigou se profilant sur le disque du soleil couchant, expérience renouvelée de Zach, à laquelle un de nos plus habiles astronomes, M. Fabry, avait convoqué ses compatriotes et les nombreux étrangers de passage dans cette saison.

En face de nous, à gauche, une nouvelle curiosité nous attire. C'est le mont Agel qui se dresse, nous allions dire de toute sa hauteur (mille cent cinquante mètres environ). Mais non, il s'en faut; nous subissons l'illusion que Saussure éprouva dans les Alpes, et qui, du bas d'une montagne, nous fait croire le sommet tout proche de nous.

Les grands monts sont comme les grands hommes : voulez-vous les admirer, regardez-les de loin.

La crête bizarre du mont Agel est garnie, comme toutes les cimes environnantes, de forts et de redoutes. Le dieu de la guerre règne sur ces hauteurs : *in altis habitat.* Un va-et-vient incessant de militaires témoigne de l'activité prévoyante qui se déploie dans ces régions, les premières menacées de l'invasion de l'ennemi.

Le spectacle de la nature épuisé, quelque chose nous manque. Ceux-là le sentent bien, qui prolongent leur station à la terrasse jusqu'à la nuit. A ce moment la vie sociale renaît avec la féerique illumination de Monte-Carlo, dont le Casino ressemble à un palais des *Mille et une nuits.* Eloignés du théâtre de ce mouvement, nous goûtons un plaisir sans remords. En quelque lieu qu'il soit, l'homme cherche un écho dans l'homme. Lorsqu'on a rassasié sa vue de la splendeur du site, prêté rêveusement l'oreille au silence pénétrant, à la paix profonde de la solitude, lorsqu'on a suivi des yeux le gypaète regagnant son aire, lorsqu'on a écouté la berceuse du flot qui brise tristement dans les grottes de la rive, lorsqu'on s'est enivré de la poésie de la lumière, ce peintre incomparable qui, ici comme ailleurs, transfigure tout, qui drape de pourpre, au déclin du jour, les rochers pelés de l'Attique, qui plaque des brocarts d'or sur les murs chancreux de la vieille Venise, qui imprime aux lignes solennelles de la campagne romaine tant de suavité et de mélancolie ; quand, ébloui par ces rayons solaires vifs et crus des Alpes-Maritimes, on a analysé, en physicien et en photographe, ce faisceau lumineux qui donne aux contours des monts la précision des sierras espagnoles ; quand on a savouré toutes les impressions pittoresques, un vide se fait sentir à l'âme. Les maîtres de l'art connaissent bien ce mystère. A peine le plus grand des paysagistes hollandais avait-il achevé une de ces clairières de bois, assombries de nuées d'orage, d'où tombe une impression de poignante tristesse, il demandait au peintre des batailles, au sémillant, au léger, à l'inimitable Wouwermans, de placer un être humain, un passant attardé, un chasseur suivi de son chien, dans cette nature solitaire. C'est ce mélange du tableau d'histoire avec la représentation des lieux muets, que cherche instinctivement le spectateur, comme Ruisdaël. Que dit le passé du pays qu'il visite ? Quel rôle la pauvre humanité a-t-elle joué en ces lieux ? Quelles y ont été ses courtes joies, ses erreurs, ses expiations, ses fastes sanglants ?

IV.

Le présent n'est pas riche en monuments, dans l'humble village de la Turbie : le passé en offre davantage. Déjà, de l'esplanade demi-circulaire, nous avons aperçu, à gauche, le squelette d'une tour, dite de Palestro, plus souvent nommée Tour d'Auguste, d'où les Romains surveillaient attentivement la Gaule transalpine.

Huc usque Italia, abhinc Gallia.

Ainsi parle le document connu sous le nom d'*Itinéraire* d'Antonin.

Plus loin un ancien poste fortifié a donné son nom au tertre qui le porte. *Pointe de la veille* (*Vigiliae*) est devenu *Pointe de la vieille*, dans la langue de ces Ligures que Caton appelait déjà des menteurs. Une corruption de même genre aurait altéré le nom de la Turbie. *Turris via*, telle est l'étymologie qui paraît la meilleure. Je la donne sans y avoir grande foi.

L'édifice qui attirait notre attention, quand nous le contemplions du fond de la vallée, a disparu, masqué derrière un pâté de maisons. Prenons, pour nous y rendre, un large boulevard, orné d'ormes centenaires. Une porte ogivale nous y acheminera ; elle ouvre sur un réseau de ruelles montantes, pavées à l'italienne, que bordent, par endroits, des porches à plein cintre et des habitations bourgeoises, signalées par des pierres de grand appareil. Ces matériaux sont des débris du monument voisin, qui a servi de carrière, pendant tout le Moyen Age, aux architectes et aux maçons. On a vu se renouveler ici ces faits juridiques désignés sous le nom d'accession, qui ont spolié le Colysée de Rome, le théâtre d'Orange, le théâtre et les arènes d'Arles, tant de monuments anciens désaffectés, au profit d'édifices modernes. Les Génois eux-mêmes, au XIIe siècle, ont paré des dépouilles de la Turbie une partie de leurs palais de marbre. Un mur à hauteur d'appui protège aujourd'hui la tour contre de nouvelles dévastations : il protège heureusement aussi les spectateurs contre tout nouvel écroulement de la tour.

Celle-ci, qui est de forme ronde, s'élève sur un socle quadrangulaire. Mais elle a subi une section oblique, et elle tomberait sans un contrefort en maçonnerie moderne dont la dissonance de couleur est sensible. C'est cet ensemble que l'on nomme improprement le *Trophée d'Auguste*. Le trophée dont parle Antonin fut érigé en l'an 16 avant l'ère chrétienne, par les soins du Sénat, qui aimait à perpétuer le souvenir des grands événements. On sait que, dans les Pyrénées, Pompée, pour célébrer ses victoires, avait élevé un monument semblable au col de Pertus, principal chemin des armées. Celui des Alpes-Maritimes rappelait la soumission de quarante-quatre tribus alpestres. Nous le savons par une inscription qu'on peut lire aujourd'hui au Musée de Saint-Germain, et que Pline (1) avait reproduite. Sans doute l'édifice servait de poste d'observation, ainsi que la tour Magne, à laquelle on l'a justement comparé, et qui se dresse comme un point d'interrogation gigantesque au-dessus des collines nimoises. Il revêtait, comme elle, une forme polygonale. Il fut entamé dès le Ve siècle, au moment de l'invasion des Barbares. Au Moyen Age, la tour à arcades, dont on voit encore les restes, a dû prendre sa place. Mais peut-être est-ce là la construction ancienne, qui aura été transformée en forteresse par les Guelfes. Du temps des Sarrasins, on y alluma des feux servant de signaux, qui correspondaient avec ceux du Mont-Boron et de la Garoupe.

Peut-on ressaisir sous les changements modernes le plan du vieux monument? Non, mais la chose était encore possible il y a trois siècles. Un Franciscain niçois, Pierre-Antoine Boyer, qui écrivait en 1564 l'histoire de Nice, avait vu des débris de frises et d'arcatures; il avait mesuré une tête colossale de César. Ces fragments lui permirent une restitution conjecturale. L'image de l'empereur planait au sommet du Trophée. Elle avait, si l'on en juge par les proportions de la tête, dix-huit pieds de haut. Alentour étaient rangées des statues de Romains illustres. Mais, hélas! les ruines mêmes ont péri.

1. III, 20.

Elle a péri aussi, pour la plus grande partie, la tour à arcades que, sur la foi d'une illusion d'optique, on a datée du XIVe siècle (1), cette tour dont nous parle un voyageur du temps de Louis XIV, Grangier de Liverdys, nous disant qu'elle se faisait « plutôt remarquer par sa hauteur et son assiette que par sa forteresse. » Pour céder, dit-on, aux instances du prince de Monaco, dont elle menaçait la frontière, les soldats du grand roi, commandés par le duc Louis de la Feuillade, la détruisirent. Du 26 avril au 4 mai 1705, on fit sauter à la mine les pans de mur de l'ancienne citadelle. Hélas! dans le siècle qui venait de finir, l'humanité avait vu de pires destructions. Le château de Heidelberg, « la plus belle ruine de l'Europe », fut dégradé comme à plaisir par des envahisseurs successifs. A Athènes, la bombe de Morosini avait fait, en 1687, éclater le Parthénon, « édifice qui honorait moins, dit Chateaubriand, les faux dieux de la Grèce que le génie de l'homme. » Berwick est-il l'auteur de la démolition exécutée à la Turbie? Non, quoiqu'on le prétende communément. Il était à cette époque occupé ailleurs (2) et il ne passa le Var qu'à la fin de l'année 1705. J'ai vainement cherché dans ses Mémoires mention de cette lamentable prouesse, et je n'ai rien trouvé non plus dans les Mémoires de Villars, qui aurait donné l'ordre fatal selon d'autres chroniqueurs. En revanche, l'annaliste du couvent de Laghet, dont le R. P. Abel de Sainte-Thérèse a bien voulu me transcrire le texte, attribue formel-

1. V^r la note du Dr Prompt, *Club alpin français*, sect. des Alpes-Marit., 2e fascic. 1882, p. 18.

2. On trouvera, à la bibliothèque Méjanes, à Aix, une lettre de Berwick, datée d'Alais, le 3 avril 1705 (Mss. *Lettres écrites à M. de Basville*, p. 415, II, n° 322).

lement le fait au second duc de la Feuillade (1).

Le monument est bientôt vu. Inutile d'aller, à un quart d'heure de là, reconnaître, en un lieu nommé le Pilon, les carrières qui ont servi à approvisionner les constructeurs. Le comte de Langeron, dans ses Mémoires inédits (2), atteste qu'on y remarquait encore, au siècle dernier, un grand nombre de colonnes à demi taillées.

Près de la Turbie, mentionnons encore un ancien marché romain, un *emporium*, dont M. Glaize, consul de France à Monaco, a naguère déterminé l'emplacement. Si l'on veut se mettre en règle avec les autres curiosités du village lui-même, on donnera un coup d'œil à une fontaine-abreuvoir festonnée d'une agréable décoration. Au frontispice est une inscription rappelant la domination sarde et ajoutant que la source avait déjà servi aux Romains, mais que la municipalité moderne en a accru et régularisé le débit.

Le reste de la localité mérite à peine une mention. Un bureau de poste et de télégraphe rehausse un peu son importance. O surprise! deux gendarmes passent en costume français. Nous nous croyions encore en terre monégasque. Nous oubliions que la principauté n'accusait, à un des derniers recensements, que vingt-un kilomètres carrés et treize mille indigènes. Hélas ! les Etats heureux ne sont pas grands.

1. Voici ce récit, sans y rien changer :
12 marzo : Vennero li Francesi alla Turbia in numero di 300. Venne il duca della Feugliada, etc., etc. (Il voulait s'entendre avec le prince de Monaco.)

26 aprile : Si diede fuoco alla torre della Turbia et non cade li rotondo, soli i lati, etc.

4 maggio : Fini di farsi l'ultimo sforzo per far cader la torre della Turbia, qual cade, restando ancor qualche segno il allo...

2. Un exemplaire de ces Mémoires appartient à un érudit aixois, M. Paul Arbaud, qui nous a communiqué, avec la plus rare obligeance, les trésors de son incomparable bibliothèque.

De nombreuses auberges, à l'usage des voituriers de passage, marquent ici une étape fréquentée sur la route carrossable de Nice à Gênes. Un élégant restaurant s'est élevé bien en vue de Monte-Carlo : il adresse un appel encourageant aux ascensionnistes qui ne se nourrissent pas de l'air du temps.

Peu de touristes en ce moment : en revanche, bon nombre de militaires. Le pantalon garance flamboie à travers les groupes de lazzaroni. Par les persiennes entre-bâillées de sa chambrette, apparaît le profil d'un officier penché sur un plan. Rare exemple de travail dans cette patrie du *farniente*.

L'église Saint-Michel, du XVIIIe siècle, œuvre de l'architecte Spinelli, projette haut dans l'air un campanile rose d'un caractère tout génois. Elle est parée intérieurement avec ce faux luxe qui prodigue les draperies et dissimule la beauté des marbres. Il faut soulever la nappe de communion pour admirer la richesse de la pierre opaline, sculptée par un ouvrier amoureux de son art. De la chaire sort un bras de bois peint, montrant le Crucifix. Trait d'imagination oratoire qui sent l'Italie, et que nous retrouverons dans l'église de Laghet.

Du reste, dans cette commune, qui compte trois mille cinq cents âmes, le type transalpin est marqué, surtout chez les enfants. A cet âge, la douceur et la grâce de la physionomie italienne ne sont pas encore altérées par l'exagération des traits. On fait à leur sujet la vieille remarque que l'homme est d'autant mieux pris dans ses proportions, d'autant plus beau, qu'on se rapproche du soleil d'Orient et du berceau de l'humanité.

A l'extrémité du col qui porte la Turbie,

s'étend un promontoire connu sous le nom de *Tête de chien*. Le mot patois est *Testa di carne*, qui signifie rocher à pic. On peut dire aussi *Testa di campo*, en souvenir du campement des Français descendant en Italie, il y aura bientôt un siècle (1). Le génie militaire a pris possession du cap aérien, comme d'ailleurs des plus beaux sites, et l'on ne peut aller facilement, à ce belvédère, contempler la coupe de saphir qui s'arrondit au bas du rocher.

V.

La Turbie est voisine d'un pèlerinage renommé. De toute la région, les regards se tournent, au moment du danger, vers la Vierge de Laghet. On la visite surtout aux fêtes de la Trinité et de la Saint-Pierre, à celle de Notre-Dame du Mont-Carmel, patronne du sanctuaire, et enfin le 15 octobre, pour honorer sainte Thérèse. On vient souvent du Piémont, à Noël, pour la *Fête des Bergers*. Le pâtre, chassé par la neige, descend de ses montagnes et, portant, comme à Bethléem, une humble offrande dans ses mains, il adore le DIEU de la crèche, Il voue à la Vierge Marie le plus blanc de ses agneaux, emblème touchant de JÉSUS enfant, appelé dans la liturgie l'*Agneau sans tache*.

La popularité du sanctuaire ne s'expliquerait qu'à moitié si l'on ne rappelait son histoire. Deux mots suffiront à ce dessein.

Au XVIIe siècle, les paroissiens de la Turbie prenaient déjà, le Vendredi-Saint, la route de

---

1. Un écrivain bien connu, originaire du pays, A.-L. Sardou préfère la dernière étymologie. V^r *Chroniques niçoises*, p. 258.

Laghet, mais, le reste de l'année, la ferveur n'était pas grande et la chapelle demeurait dans l'abandon. Divers miracles, entre autres une guérison subite, obtenue, en 1652, par un humble habitant de Monaco, Hyacinthe Casanova, réveillèrent le zèle. A la place de la statue que l'on honorait, un généreux donateur, Antoine Fighiera, avocat à Nice, en offrit une tout autrement belle. L'évêque, Mgr Désiré de Palletis, le même qui devait, cinq ans plus tard, si tragiquement périr sous la voûte effondrée de sa cathédrale, fit examiner par un comité d'ecclésiastiques et de laïques, où siégèrent notamment un homme de loi et un médecin, les faits miraculeux signalés à son attention. Il rendit ensuite un jugement canonique en faveur de la dévotion locale.

Ces faits se passaient en 1653.

Bientôt après, la renommée de Laghet commençait à se répandre. Le 25 avril 1654, on voyait s'ébranler, dans la direction du monastère, la population presque entière de Nice, quinze ou vingt mille habitants, conduits en procession par le chef du diocèse et accompagnés de leurs consuls. Tous cheminaient à pied, malgré la longueur du trajet. Touchée de ce fait, la municipalité érigea, à Laghet, une fontaine commémorative.

En 1656, la chapelle fut remplacée par une église. Depuis lors, les personnages les plus considérables, le marquis de Saint-Damien, gouverneur de Villefranche, Madame Royale de Savoie, la duchesse de Valentinois, le duc de Mercœur, rivalisèrent d'ardeur pour orner le sanctuaire. Les princes de la maison de Savoie brillaient parmi les plus fervents. Le duc Charles-Emmanuel II, qui avait demandé à la Madone la guérison d'un de ses enfants, témoigna que cette grâce valait, comme on dit, son pesant d'or, et il apporta, par reconnaissance, un *bambino* coulé dans le précieux métal et égalant en poids le petit malade.

Le pèlerinage fut, en 1674, confié aux Carmes déchaussés, par l'évêque d'alors, Mgr Provana, qui appartenait à cet Ordre. Mais des événements douloureux se préparaient. On ne s'étonnera pas que Laghet ait été, en 1792, pillé puis transformé en hôpital, à la suite de l'invasion française, transformation que subit aussi l'abbaye bénédictine de Saint-Pons. On sera plus surpris d'apprendre qu'une première atteinte avait été portée aux richesses du monastère par un duc de Savoie. Victor-Amédée II, ce prince entreprenant et tortueux qui servit et trahit tour à tour la France et l'Autriche, ne montra pas plus de fidélité aux pieuses traditions de sa maison. Tout comme il avait arbitrairement disposé, en Piémont et en Sicile, des biens ecclésiastiques, il battit monnaie, dit-on, avec les ex-voto de Laghet, s'arrogeant le droit de reprendre ce que ses ancêtres et lui avaient donné.

Le 29 septembre 1792, le général d'Anselme entra dans le Comté de Nice, qui reçut, le 31 janvier 1793, de la Convention, le titre de département des Alpes-Maritimes. Les Carmes s'étaient réfugiés en Piémont. Un chrétien courageux, fils d'un berger de Tende, Denys Lanteri, cacha la Madone dans une étable, d'où elle passa dans la chapelle des Pénitents, à la Turbie. Elle fit, trois ou quatre ans après, une rentrée triomphale dans son sanctuaire. En 1811, un décret rendu sur les instances de l'évêque, Mgr Colonna d'Istria, et aussi d'un préfet dont le nom est resté à une des grandes avenues de Nice, le baron Dubouchage, remit la chapelle et les bâtiments du couvent confisqué au premier pasteur du diocèse. Quelques années plus tard, la chute de Napoléon ramenait Nice sous la domination du roi de Sardaigne. Les Carmes expatriés reprirent leur poste en 1816. L'église, le monastère, quelques terres, avaient échappé à la vente révolutionnaire. Les Religieux se contentèrent de la moitié de la maison d'habitation et laissèrent, un certain temps, le reste à la disposition des pèlerins.

Nous ne rappellerons pas des épisodes plus récents, et en particulier cette fameuse loi d'incamération, rendue le 29 mai 1855, sous l'inspiration de M. de Cavour, loi qui confisquait en réalité les biens des communautés religieuses. Les choses changèrent quand le Comté de Nice fut annexé de nouveau à notre patrie. En août 1861, les Carmes français vinrent occuper la poétique Thébaïde et relever de garde les Carmes italiens. Le concours des pèlerins ne s'est du reste jamais ralenti, quelles qu'aient été les vicissitudes de la géographie politique (1).

A l'imitation des bergers piémontais, mais avec moins de peine et de mérite, nous ferons nous aussi le pèlerinage. Vingt minutes suffiront. Au bout de cinq cents mètres sur la route de Nice, on atteint la bifurcation, signalée par une croix haute et blanche. Une inscription, de 1827, rappelle que Charles-Félix, roi de Sardaigne, fit construire la nouvelle voie. A ce carrefour, une chaussée tournoyante, dont la forte pente précipite nos pas, nous dirige, au milieu d'une nature desséchée et, par moments, à travers des vigno-

---

1. V^r pour de plus amples détails, *Hist. illust. des pèlerinages franç. de la T. S. Vierge*, par M. A.-P. DROCHON, et surtout *Monogr. du Sanct. de N.-D. de Laghet*, par le R. P. ABEL DE SAINTE-THÉRÈSE.

bles qui s'étagent en escaliers et des oliviers qui déploient un feuillage blafard. On entrevoit à peine, d'ici, le val profond où s'élève le monastère. La voie est belle et n'a pas été gâtée par un sot projet, formé dans ces derniers temps. Il avait été question de construire un abattoir sur l'emplacement qu'occupe le vaste entonnoir d'un four à chaux, riverain de la route. Une administration intelligente, s'inspirant des convenances des pèlerins, qui campent parfois dans le pays au nombre de dix mille, a conservé au site sa champêtre et paisible physionomie.

Types curieux à noter : deux paysans italiens, le mari et la femme, cheminent à côté de nous. L'homme a une extrême finesse de traits et cette carnation d'ivoire des Bergers Adorateurs, peints par Van der Werf, dans ses *Nativités*. Nous les retrouverons agenouillés dans la chapelle, où leur attitude sereine fait songer, non à des malheureux qui demandent une grâce, mais à des chrétiens reconnaissants de l'avoir obtenue.

Peu avant d'arriver, quand on a dépassé une nouvelle croix de pierre, érigée par une pieuse donatrice et portant sur trois faces des versets de l'Ecriture, tout à coup le couvent se découvre. Bâti au centre d'un cirque pierreux, il a l'aspect d'un château-fort, défiant l'ennemi du haut de ses assises calcaires. Au-dessus du torrent, en ce moment à sec, qui le sépare de nous, nous verrions sans surprise se tendre un pont-levis. Le filet d'eau qui coule quelquefois aura donné son nom au pays, où il formait, de ci de là, un petit lac *(Laghetto)*, avant qu'une partie des sources qui l'alimentaient n'eussent été captées pour l'irrigation. En le traversant, jetez un regard par la longue fente du ravin. La gorge profonde est hérissée des saillies de terrain les plus étranges, coupée de plans et d'arrière-plans. Ce ne sont que massifs montagneux, terres gazonnées, vallées secondaires. L'œil plonge jusqu'à Cagnes et à Vence. En suivant la rive droite du torrent, les voyageurs qui ont hâte d'arriver regagnent promptement le faubourg de Nice. Ils débouchent près du curieux village de la Trinité-Victor, dans la vallée du Paillon.

Pour nous, nous ne quitterons pas la Corniche et, en attendant l'omnibus qui part sur le tard, nous aurons tout le loisir de visiter Laghet.

Nous faisons halte sur une place garnie de deux ou trois hôtels modestes. En face de nous s'ouvre un portique à arcades italiennes, flanqué de galeries en promenoir ; c'est le vestibule du couvent.

Malgré tout mon bon vouloir, je ne puis louer les peintures qui décorent les murailles. Mais les ex-voto sont d'autant plus vrais de sentiment, d'autant plus touchants, qu'ils n'empruntent rien à l'art. Quel musée pathologique et en même temps quel poème héroïque se déroulent sous ces voûtes profondes ! Ce ne sont que béquilles en croix, petits escarpins d'enfants estropiés, chevaux d'attelage arrêtés au bord d'un abîme, naufragés élevant la main au-dessus des flots. Tous ces drames qui se sont accomplis dans le cercle ignoré d'humbles existences, toutes ces épreuves qui n'ont eu que DIEU pour témoin et pour libérateur, couvrent d'immenses pans de mur et débordent jusque dans la chapelle.

Oubliant la date récente où s'est établie la dévotion envers N.-D. de Laghet, on a faussement prétendu que François Ier, emmené prisonnier en Espagne, avait fait étape en ces lieux, y cherchant une consolation dans la prière. Mais un souvenir qui arrête longtemps la pensée est celui de Charles-Albert passant ici sa dernière nuit en terre italienne. Lorsque ce prince inconsidéré eut risqué et perdu son dernier enjeu sur le champ de bataille de Novare, il se condamna à un éternel exil et prit le chemin du Portugal, où le chagrin devait miner promptement sa vie. Le lendemain de son abdication, le surlendemain de sa défaite, il passa par Laghet. Un marbre placé à l'angle de la galerie d'entrée mentionne sa présence, le matin du 26 mars 1849. Il demanda, dit l'inscription, aux sacrements du Chrétien la force de supporter sa royale infortune. Il renouvela le sacrifice de ses affections, l'offrande de ses douleurs, pleura sur les malheurs publics, pardonna à ses ennemis, et recommanda les destinées de l'Italie à la Vierge de Laghet.

Un monastère qui se réclame d'une longue histoire mériterait d'être exploré dans tous ses détails. Malheureusement, quand nous sonnons à la porte du cloître, le frère s'excuse de ne pouvoir, en l'absence du prieur, nous laisser pénétrer. Mais il nous conduit gracieusement à la chapelle souterraine, qui est le cœur du pèlerinage. Cette chapelle simple et nue, dont les murs sont badigeonnés, porte une plaque indiquant que l'on est en un lieu témoin de prodiges, et qu'on a trouvé, en cet endroit, la Madone miraculeuse. Au-dessus de cette crypte, qui ressemble à une chambre de maison bourgeoise, s'élève, dans le massif du bâtiment claustral, une église, de tonalité grise comme beaucoup de chapelles italiennes, et, à leur image aussi, surchargée de marbres, de stucs, de sculptures et d'enjolivements en plâtre doré. Des grillages latéraux, garnis de rideaux rouges, mettent l'intérieur en communication avec les deux chœurs des Religieux. Une image qui surmonte le maître-autel, cachant la Vierge vénérée, a une physionomie d'icone byzantine. Dans l'ensemble, l'église est d'un bel aspect et l'impression est pénétrante. A la sortie, les visiteurs se hâtent vers un enfoncement vitré, où des moines distribuent aux pieux visiteurs des médailles, des chapelets et des vues photographiques.

VI.

Le moment du départ a sonné. La voiture publique qui nous ramène à Nice fait un détour et passe par la Turbie. La nuit s'avance, et les grandes ombres des montagnes plongent déjà le vallon dans la mélancolique tranquillité du crépuscule.

Et sol crescentes decedens duplicat umbras.

Tout près de nous, la gaieté du jour anime encore le sommet étincelant de la Sembola. Au petit trot de nos chevaux, nous gravissons la côte ardue, nous revoyons à travers les buées du soir e village déjà silencieux de la Turbie, puis nous brûlons au grand galop le gravier, sinon le pavé, de la route. A ces hauteurs, le froid est vif. Au premier tournant, une bise aiguë nous cingle le visage ; un manteau d'humidité nous couvre les épaules. Ce sont les redoutables traîtrises de ce littoral si séduisant ; c'est le péril mortel qui guette les étrangers nouveau-venus et encore sans expérience. A la chute du jour, qui a été généralement chaud sous un ciel diaphane et dans une région si bien abritée, la masse énorme de vapeur d'eau répandue dans l'air par les mers voisines subit une condensation soudaine. A cette influence réfrigérante s'ajoutent les effets physiologiques de la radiation. Les pleurésies et les pneumonies font cortège aux premières étoiles du soir.

Mais comment songer aux prescriptions médicales, comment ne pas être distrait, devant le spectacle qui nous est offert ? La mer immense est au bas de la côte ; le bleu du ciel se confond avec elle. Quand on ne regarde pas sous les pieds des chevaux, on croirait voler dans l'empyrée ; le conducteur est un Phaéton, on peut le dire. D'ailleurs, ne craignez pas. Vous pouvez savourer sans vertige les joies de l'hirondelle et de l'aéronaute. Le temps n'est plus où, comme nous l'avons dit, Mme de Genlis tremblait pour son compte, où Mme de Sévigné tremblait pour sa fille, en face de ces sauvages escarpements. Le vieux sentier de chèvres, maudit de Dante, a fait place à une bonne et large route, digne héritière de la voie Julienne, qui a desservi ces pays dans les temps les plus anciens.

C'est toute une histoire que l'établissement du chemin moderne. Justement nommé *la Corniche*, il a été pratiqué dans le roc vif, à l'aide de la sape et de la mine. On voit son dessin hardi courir le long de la falaise et se tenir à des hauteurs qui varient de trois cents à cinq cents mètres. Napoléon Ier en fit terminer la première partie dès 1806. L'ingénieur Sigaud eût pu facilement décrire le tracé au bord de la mer et adopter l'itinéraire qu'a pris, depuis, la voie ferrée ; mais les nécessités stratégiques en décidèrent autrement. On craignait les boulets anglais, qui auraient balayé les transports et interrompu la marche des troupes. Charles-Félix reprit, en 1828, l'idée de Napoléon et acheva la grande artère de communication entre la Provence et l'Italie. Il aimait à séjourner à Nice, mais à condition d'en pouvoir sortir. Bloqué, en hiver, pendant plusieurs jours, par une tempête qui lui ferma la mer, tandis que les neiges lui fermaient la terre et obstruaient le col de Fenestre, il se dit que le plus beau pays du monde perd tout charme comme prison.

Poursuivons notre route. La lune brille au firmament et projette sur le flot un sillage phosphorescent, semblable à la traînée lumineuse qui suit les navires, dans les mers du Levant. Les petits alezans parcourent fiévreusement le long ruban de la route. A voir l'entrain de l'équipage, à entendre le grincement des ais et le cahotement des lanternes, on se croirait en Catalogne, lancé bride abattue par un muletier qui s'ébat, aux joyeux carillons des grelots de ses mules.

La Turbie disparaît et reparaît tour à tour, suivant les coudes que fait la voie. Voici, dans le lointain, le panorama de Nice, dont on distingue la double ligne de quais, le vieux et le nouveau rivage, séparés par la Colline du Château. Plus loin est le Cros de Cagnes, village qu'on croirait peuplé d'Amazones, car, le jour, les hommes reposent après avoir passé la nuit en mer. Les falots de la rive en fer à cheval s'allument un à un, comme jadis les lampes d'un théâtre. On aperçoit le cap d'Antibes; au-delà, les îles de Lérins, l'Estérel, le rocher porphyrique de Roquebrune, à l'horizon le cap Camarat et Saint-Tropez. L'imagination se donne carrière. Peu s'en faut qu'on ne croie voir les îles d'Hyères et le profil sourcilleux du Coudon toulonnais. Le jour est bas. Fort heureusement une sorte d'aurore boréale se lève pour éclairer Eza. Les dernières braises du soleil couchant se ravivent, à la façon d'un foyer mal éteint, et elles nous découvrent le village aux maisons sarrasines, qui se serrent les unes contre les autres, attendant, dirait-on, une nouvelle escalade de l'ennemi. Nous passons, comme en ballon, au-dessus de ce burg transplanté des bords du Rhin, qui nous semblait, quelques heures auparavant, quand nous le contemplions du railway, un nid bâti par les oiseaux du ciel, à une hauteur troublante, inaccessible. Les Turcs de Barberousse, alliés de François Ier, ont, en 1543, tenté de détruire le manoir antique : il a l'air rebâti de neuf. Le regard vertical que nous dirigeons sur Eza rappelle cette vue à pic de la Norwège, qu'un écrivain trop vanté place au début de *Seraphitus-Seraphita*. Eza ne le cède à aucun pays en poésie pittoresque. Mais, pratiquement parlant, comment des habitants peuvent-ils vivre sur une aiguille de six cents pieds de haut, à moins d'avoir la vocation du Stylite sur sa colonne ?

Un chemin d'embranchement descend à Eza. Personne pour le prendre ; mais un point où s'arrêtent quelques charmants officiers qui nous accompagnent, c'est une auberge de halte, placée au carrefour. Ils y choquent gaiement quelques verres, qu'ils trouvent trop petits et pas assez pleins. Notez ceci : on oublie quelquefois de désaltérer l'attelage, mais le voyageur mollement traîné ne manque jamais de se rafraîchir.

En repartant, nous laissons à droite l'ancienne route de la Corniche. Bientôt nouveau carrefour, nouvelle halte. Nous arrivons aux Quatre-Chemins, station qui dessert Villefranche. Les deux voitures qui font le service de la Turbie se croisent à cet endroit. Les voyageurs qui descendent la côte donnent la bienvenue à ceux qui montent ; c'est l'image de la vie.

Bientôt nous perdons de vue les presqu'îles du cap Ferrat et de Saint-Hospice, qui se coupent à angle droit. Ces masses imposantes sont rattachées au rivage par un isthme étroit. Elles font songer au romancier Ruffini, qui compare un des promontoires voisins à une silhouette de Léviathan, plongeant son museau dans les vagues. On croirait voir un long cétacé, au dos bombé, flottant immobile, à demi immergé, dans un bassin d'acclimatation. Nous ne pouvons distinguer la ruine féodale qui couronne le cap, ni la chapelle, dernier reste de l'abbaye qu'occupaient, à Saint-Hospice, les religieux de Saint-Benoît, avant le terrible passage des Lombards. Sur la côte soulevée de l'ancienne montagne sousmarine, les débauches des pirates ont fait place à des orgies de bouille-abaisse. On voit, le dimanche, à Saint-Jean, des légions de gastronomes enlever, eux aussi, la place d'assaut.

Un changement de décor s'est opéré, que l'obscurité nous masque. La perspective est devenue sévère et montagneuse. A travers le brouillard qu'exhalent les naseaux fumants de nos chevaux, on entrevoit la silhouette du mont Cau d'Aspremont (Cau, *Cap*, colline), vulgairement nommé mont Chauve, qui découpe, agrandi par l'ombre, son profil triangulaire et fantastique. Dans la profondeur, les massifs des Alpes s'étagent les uns au-dessus des autres, jusqu'à la Savoie et au Mont-Blanc, qui est hors de vue, quoi qu'on en ait dit. Nous dépassons l'une des portes monumentales de l'Observatoire. Le lit du haut Paillon est jalonné d'innombrabes lumières, qui se rapprochent les unes des autres, du côté de l'embouchure. Dans la pénombre, on soupçonne quelques villages dont la position est enviable, Drap, la Trinité-Victor. Mais il faut renoncer à contempler les lignes harmonieuses de l'abbaye de Saint-Pons, superbement juchée sur le piédestal de ses blanches terrasses. Il ne faut pas non plus songer à saluer et à reconnaître son ancienne vassale et les cinq clochetons du couvent de Cimiès, Cimiès qui fut la capitale de la Ligurie. Le Franciscain, recueilli dans la prière, n'assiste pas, à cette heure, à l'arrivée ou au départ du voyageur : il le bénit, sans le voir, du fond de sa cellule.

Nous voici près de Nice, surplombée d'un dôme de vapeur lumineuse, au milieu de laquelle l'électricité du Casino jette une note éclatante. C'est veille de fête locale. Les fusées d'artifice partent de plusieurs points de l'horizon. Bientôt nous serons au débarcadère : l'air tiède et doux a séché le givre des montagnes déposé sur nos mains, et il nous donne déjà la sensation de l'atmosphère urbaine. Nous avons rapporté de notre excursion semi-alpestre une provision d'air sain et un contentement plus sain encore. Là se bornait notre ambition. Les voyages ressemblent aux carrières sociales. Certains hommes vont loin, d'autres s'élèvent haut. Reste une troisième catégorie dont les visées sont plus modestes : elle comprend les gens heureux.

DE DIGNE
A SAINT-MARTIN-VÉSUBIE
ET A NICE

7 août 1893.

Saevas curre per Alpes.
(Juv., XV, v. 168.)

I.

Que les Bas-Alpins me pardonnent ! quand on arrive de Grenoble à Digne, *un grand ennui saisit le cœur.* Cette réminiscence classique vient naturellement sous ma plume. Comme pour la triste Jérusalem, l'impression première est ingrate, mais un charme secret vous saisit bientôt. En entendant sonner le nom d'une ville chef-lieu, on s'attend à un mouvement animé de population, à une certaine émulation de luxe et d'élégance. Des centres peu importants, Draguignan, Valence, Mende, donnent cette impression. Ici, tout est mort. Le sentiment de la solitude la plus pénible, celle d'une agglomération urbaine, vous oppresse. Et pourtant, à y séjourner, on finit par l'aimer, la petite ville, si vite parcourue, si tôt épuisée. On aime son pont de pierre à sept arches, qui fait une enjambée gigantesque pour franchir un mince filet d'eau. On aime sa Bléone, qui fuit entre de poétiques coteaux et qui semble, les soirs d'hiver, se perdre dans la gloire du soleil couchant. On aime ses tranquilles avenues, à l'entrée desquelles se dressent encore de pieux emblèmes ; son honnête cours, ombragé de platanes et sillonné par l'uniforme de la garnison, qui jette dans la vitrine des cafés et des fruiteries un reflet vibrant. On contemple avec plaisir cette colline Saint-Charles, aux teintes de braise, qui couvre la population d'un rempart protecteur. On va volontiers prendre de l'air et de l'espace sur le vaste carré du Pré-de-Foire, égayé par le babil incessant des jets d'eau et les carambolages des joueurs de boules. Dans un angle, on vénère la statue en bronze d'un enfant de la région, de ce berger devenu un savant illustre, de ce prêtre pieux et zélé que fut Gassendi. Sa philosophie, moins sûre que sa foi, l'a transformé, aux yeux de quelques sots, en coryphée du matérialisme (1). C'est pour des raisons de même force, c'est à la faveur de citations paradoxales, que Sylvain Maréchal, voulant railler, inscrivait Bossuet et Fénelon dans le *Dictionnaire des athées*.

Et la population ? direz-vous. Elle est simple et douce, fort avisée, d'ailleurs, comme les habitants de montagnes. Oubliez la vieille capitale des Allobroges, aujourd'hui copie et émule de Paris ; oubliez ses squares, ses châteaux d'eau, le palais de ses musées, le faste américain de ses percées nouvelles ; vous sentirez que Digne repose de Grenoble, comme Versailles repose de Paris, comme Gratz repose de Vienne, comme le

---

1. La mémoire de Gassendi a été vengée comme il convient par un de ses compatriotes, homme d'autant d'esprit que de savoir, M. DE BERLUC-PÉRUSSIS. V^r son *Rapport sur le concours ouvert à l'Athénée de Forcalquier en l'honneur de Gassendi*. Forcalquier, Masson, impr., 1878.

sentier herbeux repose de l'asphalte du boulevard.

L'intérieur de Digne ressemble à celui de toutes les cités modestes. A peine est-on engagé dans le labyrinthe de ses rues, qu'ici l'on s'éborgne aux brancards d'un chariot en détresse, là on essuie les ricochets des gamins qui se lapident au *jeu de bataillon*. Les bocaux rutilants des pharmaciens tirent l'œil ; la cannelle des épiceries pique l'odorat. Dans un coin, des chiens errants quêtent des croûtes de pain sur des tas d'ordures. Tout auprès, des commères transforment la rue en parlement : on se faufile comme on peut à travers la cohue des chaises, qui font semblant de se ranger. Comme ingrédient de circonstance, la littérature charlatanesque des affiches électorales couvre les murs d'un badigeonnage sang de bœuf. Cahin-caha, en m'orientant par les rampes successives des rues, je me hisse à la cathédrale. Elle plane sur un perron isolé, au haut d'un escalier monumental, qui rappelle de loin les vastes propylées de Saint-Vincent de Paul, à Paris, et de la Trinité des Monts, à Rome.

Arrivé près du parvis, donnons un coup d'œil au tympan du porche ogival, où sont sculptés les quatre symboles, attributs des Évangélistes. La rosace mérite aussi de fixer l'attention ; elle rappelle celle du grand portail de Chartres. Nous nous attardons, on le voit, aux bagatelles de la porte : des amateurs difficiles nous avaient dit qu'il est toujours temps de voir la nef.

Eh bien ! on m'avait si fort prévenu contre l'intérieur de l'église que je l'ai trouvé satisfaisant, par comparaison. Le bariolage des couleurs, la bigarrure des tons et des styles, gâtent malheureusement l'ensemble, qui sans cela aurait grand air. Nous sommes en face d'une construction bâtarde du XVe siècle. Une blanche statue de saint Vincent de Paul, œuvre estimable de Dalmas, se dresse près de la porte. Le héros chrétien était fort laid, mais son âme qui transparaît fait de son image un beau marbre.

Quand on repasse le seuil de la cathédrale, des fenêtres grillées, pratiquées dans des murs de forteresse, attirent le regard. Ce sont les prisons. Le style à donner à ce genre d'édifice cause le tourment des architectes. Il faut faire *triste*, comme ailleurs on cherche à faire *beau*. Il faut développer les surfaces aveugles, être parcimonieux de baies lumineuses, élément de joie et de gaieté. La maison de détention d'Aix-en-Provence, près de la place du Palais, est un modèle de ce genre. Maintenant l'hygiène trouve-t-elle son compte aux vues de l'art ? Ne doit-on pas poursuivre, en construisant ces asiles d'expiation et, s'il se peut, d'amendement, un but plus élevé que la satisfaction des touristes ? Hélas ! il reste de grands progrès à faire dans ce sens. Aussi nous plairons-nous à mentionner l'effort tenté aux prisons bâties près du quai de la place d'Armes, à Nice. L'architecte a cherché à réaliser, au point de vue matériel, les réformes préconisées par les meilleurs criminalistes.

Le jour est sur son déclin. La nuit surprend toujours trop tôt le voyageur. On se prend à répéter :

O quando lucescet tuus
Qui nescit occasum dies ?

Nous ne pousserons donc pas jusqu'aux Eaux thermales, à trois kilomètres de là, eaux qui auraient, d'après une étymologie de fantaisie, donné leur nom celtique à la ville (*din*, eau, *ia*, chaude ?). Elles ont une clientèle de malades authentiques, comme les thermes sulfureux de Gréoulx, qui sont proches. Le calme innocent de ces humbles séjours les défend de l'invasion de ce qu'on nomme le *high-life*, c'est-à-dire de l'aristocratie du vice.

Avant que la nuit ne tombe, nous aurons le temps de visiter un vrai monument de l'art, malheureusement délaissé la plus grande partie de l'année. Nous dépassons une fontaine à colonnes, abondante et moussue, et nous acheminons, par la jolie route de La Javie, vers l'ancienne cathédrale. Rien à signaler le long du chemin, sauf une chapelle gothique attenante au Petit Séminaire, et profilant son élégante silhouette sur des coteaux que Sainte-Beuve eût appelés *modérés*. Arrivé à l'emplacement du vieil édifice, on a quelque peine à trouver l'entrée. Deux lions grossièrement sculptés semblent en être les gardiens, comme ces fauves que les peintres couchent aux pieds des Pères du désert.

L'architecte a emprunté à l'art grec son secret. Ce beau vaisseau impose moins par la grandeur que par l'harmonie des proportions. Construit dans le style du XIIe siècle en son ensemble (le clocher a des parties du IXe), il monte et se déploie en lignes sévères. Au fond, en place d'abside, un simple mur percé de trois baies. Au-dessus du portail, une admirable rose, encore garnie de ses vitraux. En face est un autel du VIIe ou du VIIIe siècle, beau cube de marbre blanc, cantonné de colonnes. Sur le mur de gauche un crucifiement, peinture fort originale, qui paraît remonter à une date ancienne. Je ne parle que pour acquit de conscience d'autres fresques, tout à fait délabrées, qui datent de deux ou trois cents ans plus tard. Elles représentent le châtiment des pécheurs : les pécheurs auront peine à s'y reconnaître.

On est péniblement affecté du silence qui règne autour de cette épave du Moyen Age. Notre-Dame-du-Bourg est seule restée debout dans un quartier autrefois populeux. Tous les habitants émigrèrent lors de la terrible peste de 1629, fléau qui régna de juin à octobre, et qui porta à la cité, jadis florissante, de Digne, un coup dont elle ne s'est pas relevée. Il faut lire dans Gassendi ce pathétique épisode, qui eût mérité le burin de Thucydide ou de Boccace. On vit éclater des traits d'égoïsme sauvage, plus navrants que les deuils accumulés par la contagion. L'amour de la vie rend féroce, l'amour de la vie rend meurtrier. Le dévouement de Belsunce et des échevins marseillais sera toujours admiré, parce qu'il est rare.

Pour me distraire des pensées lugubres, le candide gardien me propose de visiter une crypte qui renferme des cadavres momifiés. Ils ont été transportés ici, du lieu où s'élève la nouvelle cathédrale, et sont, en vertu d'une propriété particulière du sol, dans un état de parfaite conservation. S'intéresse qui voudra à ces phénomènes ! Je ne suis pas géologue et n'ai aucun goût pour les évocations. Je n'ai pas visité, à Londres, le musée Tussaud ; je connais à peine, à Paris, le musée Grévin. Ni à Bordeaux, à l'église Saint-Michel, ni à Rome ou à Palerme, au couvent des Capucins, je ne me suis soucié de voir ces spectres aux yeux caves, aux bras croisés sur la poitrine, ces squelettes debout ou rangés horizontalement le long d'un mur, qui se penchent en avant, comme pour appeler le visiteur. Si j'étais né dans la Rome antique, j'aurais médiocrement goûté, je le crois, ces processions funèbres qui escortaient la dépouille des descendants de grandes familles, ces masques des aïeux portés par des figurants salariés, qui venaient se ranger en cercle au forum et entendre en silence le dernier éloge du défunt. Je préfère revoir de l'œil du souvenir, embellis par le regret et la distance, les êtres qui m'ont été chers. Une tête de mort suffit d'ailleurs aux méditations du cénobite. Les exhibitions et les parades déflorent le touchant mystère d'outre-tombe.

En regagnant mon confortable et bon hôtel, je passe devant une maison d'apparence bourgeoise, d'où monte en spirale une sorte de jardin suspendu : c'est l'évêché. Une résidence tout autrement belle, si l'on en juge par les ruines, était autrefois offerte aux pasteurs du diocèse, dans le vallon d'Aiglun, sur la route de Forcalquier.

II.

Si l'on veut aller en un jour de Digne à Puget-Théniers, il faut quitter de bon matin le chef-lieu des Basses-Alpes. La voie ferrée s'arrête à Saint-André-de-Méouilles. Le reste du chemin exigera des travaux d'art considérables. Quand la Compagnie du Sud inaugurera le nouveau tracé, le département, rendu facile d'accès, comblera peut-être, avec les recettes d'hôtels et les bank-notes de touristes, les pertes que lui cause le dépérissement de son agriculture et de son industrie. Qui nous donnera surtout le railway de Grasse à Castellane et nous permettra de parcourir, de jour, autrement qu'en voiture particulière et à un tarif élevé, une route suspendue entre la terre et le ciel, gravissant le flanc des Alpes par une série de gradins merveilleux, et nous découvrant, à un moment donné, l'île de Corse, vue, non point de profil, mais de haut en bas, dans tout le pourtour de ses rivages, puis, nous débarquant à la Roque-Esclapon ou à Mons, au pied de cette pyramide de l'Achens, du sommet de laquelle l'œil embrasse d'un trait tout le littoral de Marseille à Nice? Gageons que les montreurs de panoramas monteront l'affaire en entreprise.

Nous nous contenterons, pour le moment, des facilités d'excursion que donne le chemin de fer de Saint-André, relié à Puget-Théniers par un service régulier de diligence.

Nous sommes gâtés par le progrès! Quand le maréchal de Tessé, en 1707, défendait pied à pied la Provence contre les habiles opérations du prince Eugène, il se serait accommodé d'une bonne voie charretière. Sa correspondance relative au siège de Toulon montre que la prompte mobilisation des forces dont il disposait dans le Haut-Dauphiné et le ravitaillement de ses troupes lui eussent été faciles, si de simples routes parallèles aux Alpes étaient descendues des bassins du Drac, de la Durance et du Verdon, dans la direction des côtes (1).

Au sortir de Digne, on longe quelque temps les bords silencieux de la Bléone. L'œil se repose sur de jolis vergers, qui alimentent les confiseries du pays. Bientôt on s'enfonce dans la montagne, et l'on traverse une série de ravins sans autre végétation que des buis, des bouquets de genévriers et des genêts à balai,

---

1. V*Les Côtes de Provence*, par J.-J. BAUDE, *Rev. des deux Mondes*, tome XVII, 1847, p. 816.

qui sont souvent des balais tout court. Ces balais et ces buis, et pas davantage les genévriers, ne suffiraient à nourrir la population, à moins qu'on ne trouvât régulièrement à leur pied le pain du prophète Élie :

Projecitque se et obdormivit in umbra juniperi, et ecce angelus Domini tetigit eum et dixit illi : Surge et comede (1).

Un ingénieur humoristique proposa un jour d'exproprier tous les habitants de la Lozère et de convertir le département en chasse louée. Les Hautes-Alpes sont résolument entrées dans cette voie (2). On commence à en faire autant dans ce pays-ci. On en viendra peut-être à comprendre que mieux vaudrait, contre une large indemnité, exproprier en masse les Bas-Alpins et transformer leur Sahara en forêts et en pâturages que de s'épuiser annuellement en frais stériles pour établir des chemins vicinaux, corriger les lits torrentiels, bâtir des écoles, avec cette perspective que, dans un siècle, il ne restera plus un seul habitant pour en profiter (3). La Lozère et les Hautes-Alpes offrent du moins quelques riants coteaux et des cultures rémunératrices. Mais les Basses-Alpes, quel désert ! C'est à peine si, par aventure, on voit poindre quelques oasis, ravissantes il est vrai, quelques bergeries comme cette mignonne cité de Barcelonnette, avec ses prairies qui ressemblent, en été, à un ciel renversé, dont les boutons d'or seraient les étoiles. Ailleurs, partout où la culture ne revêt pas la forme de pâturage ou de plantes aromatiques, le déboi-

---

1. *Reg.*, III, XIX, 5.
2. Naguère l'État achetait et supprimait la commune de Chaudun. V^r *Bullet. de Soc. d'étud. de Gap*, p. 387, 1895.
3. V^r Briot, *Les Alpes françaises*, p. 29.

sement tarit les sources de la vie. Ces déboisements datent de loin. Dès le XVIIe siècle, ils avaient fait baisser la température méridionale. Depuis, ils ont fini par rendre le pays inhabitable. On évoque malgré soi les souvenirs de la mythologie. Comme des dryades sauvages, la population a été atteinte par la cognée du bûcheron.

> Ecoute, bûcheron, arreste un peu le bras.
> Ce ne sont pas des bois que tu jettes à bas.
> Ne vois-tu pas le sang, lequel dégoute à force,
> Des nymphes qui vivoient dessous la rude escorce ?

Aux larmes de Ronsard il faut mêler celles des économistes. Dans une contrée jadis riche en prairies, voisine du département du Var, où l'eau et les forêts surabondent, ce ne sont, comme le remarque Reclus, que ravins d'érosion et talus d'éboulement. Le sol arable n'a pas même une assiette fixe. Vainement est-il classé juridiquement parmi les immeubles : les terres dégringolent comme les gens. N'étant plus retenues par des racines ou des gazons, mais à peine par quelques murs de soutènement, elles descendent graduellement dans les bas-fonds. Les rochers, laissés à nu, se délitent et tombent à leur tour. Alors s'exerce dans toute sa fureur l'action mécanique des eaux, qui, dans ces régions dévastées, ne sont pas un élément de prospérité, mais de ruine. Les torrents emportent en un jour le sol friable, qui a vainement attendu une goutte d'eau tout le reste de l'année. Qui profite de cette dérive épouvantable ? La Camargue, enrichie par la Durance et ses affluents de la dépouille des Basses-Alpes. Le département se recrute d'Italiens, dont les mœurs louches, dit-on, et l'esprit hostile à notre pays contrastent avec les qualité sympathiques des émigrants français qui venaient autrefois coloniser les moindres coins de la Basse-Provence. Le changement survenu est navrant, dans certains endroits. Entre Moustiers et Puget-Théniers, plus rien ne reste du passé. En constatant ces déplorables suites de la dévastation forestière, on admire la belle ordonnance de Louis XIV qui, en 1669, sentant le lien qui unit les principaux éléments de la richesse nationale, réglait le régime des eaux en même temps que celui des forêts. On se rappelle aussi le mouvement oratoire de M. de Bonald combattant, à la Chambre des Députés, l'affectation des bois de l'Etat à la caisse d'amortissement : « Si ces chênes que vous voulez abattre, semblables à ceux de Dodone, rendaient des oracles, ils vous prédiraient des malheurs. »

Reprenons notre marche au désert. Du haut de son rocher, Gaubert nous regarde passer. De temps en temps, de son enceinte de collines, d'énormes blocs se détachent, qui traversent la voie charretière, au risque d'écraser les passants. Le voyageur rappelle Mahomet. Ce n'est pas lui qui va à la montagne, c'est la montagne qui vient à lui.

Nous descendons sur les rives de l'Asse, le plus faible affluent de la Durance. Puis, nous prenons un bain de soleil à Châteauredon, mal ombragé par les ruines de son château-fort. La lumière du Midi sauve la pauvreté du site. Elle le transfigure, comme le rayon de la gloire fait resplendir un pennon en lambeaux.

A ce point du trajet, le railway et la route de voiture, las de cheminer isolément, se rapprochent et vont de conserve. Ils allongent parallèlement leur blanc sillon jusqu'au village de

Moriez. De là nous pourrons nous détacher pour visiter la clus de Chabrières, sauf à atterrir plus loin au hameau du même nom, hameau dont les habitants arrosent d'un vin blanc, tout à fait généreux, leur maigre pitance.

Je suppose que le lecteur est familier avec les phénomènes géologiques qui déterminent les *clus*. On en rencontre dans le Jura. Ils sont fréquents dans les Alpes, et en particulier dans la partie que nous traversons. Une clus est un défilé entre deux montagnes, au fond duquel coule ordinairement un torrent, qu'on y croirait emprisonné *(clusum)*. Supposez un cours d'eau contenu entre deux murailles de rochers : trouve-t-il un obstacle à son écoulement, il formera un lac et percera une de ses parois au point le plus faible. Cette tranchée, progressivement approfondie, devient une clus. La *clissura* du Danube, aboutissant aux *Portes de fer*, est justement célèbre. C'est une des curiosités de la Haute-Autriche que la clus de Lienz *(Lienzer Klause)*, où la Drave et le chemin de fer ont tant de peine à cheminer côte à côte, entre des escarpements richement boisés. A mesure que nous approchons des Alpes-Maritimes, les clus prennent un aspect formidable. Les rochers hérissés se contournent comme des redans de fortification, et les ruines vacillantes qui les couronnent accentuent encore cette physionomie de murs de défense. Les gorges du Loup ou de St-Arnoux, bordées de parois infranchissables, jalonnées de grottes difficiles à atteindre, attirent, tous les hivers, près de Grasse, de nombreux pèlerinages d'amateurs. Sur la route de voiture de Grasse à Puget-Théniers, on admire la belle clus de Saint-Auban. Près de Saint-Jeannet est la clus de la Cagnes ; sur le chemin de Puget-Théniers à

Nice, le défilé du Ciaudan, dont nous aurons occasion de parler bientôt. Un peu avant, tout proche d'Annot, nous suivrons la clus de Rouaine. Entre Castellane et Moustier, se développe la clus de Rougon. L'eau coule obscurément au fond de tous ces défilés, et son bruissement même se perd, comme elle, dans la profondeur. On dirait un de ces filons du globe où les *gold-diggers* cherchent le métal qui cause en ce moment tant d'enrichissements — et tant de ruines.

Nous suivons une route taillée dans le roc, presque au niveau de l'Asse. Le ruisseau auquel cette rivière est réduite en été passe silencieusement entre des montagnes prêtes à se refermer en voûte et laissant au sommet, à peine visible, une étroite bande de ciel, qui apparaît aux voyageurs emprisonnés dans le ravin comme un symbole d'espérance. Nous nous détournons maintenant de la clus de Chabrières, et nous pénétrons dans un tunnel de quelques centaines de mètres. Nous laissons à gauche, comme indigne de notre attention, l'humble hameau de Norante, qui se pare en vain, pour nous attirer, de quelques vieilles tours féodales, de plants de pruniers et de noyers, arbres de rapport, nullement décoratifs. Nous arrivons ainsi à Barrême.

Selon un historien de la Provence, le savant abbé Papon, il existait, du temps même des Romains, une véritable ville dans le territoire de Barrême. Des médailles retrouvées en témoignent, une, entre autres, à l'effigie de l'empereur Géta. La ville était alors au bord de l'Asse, sur une éminence nommée le col Saint-Jean. Sa destruction rappelle un passage émouvant de l'Ecriture.

Pendant le cours de sa mission terrestre, le

Sauveur des hommes envoya deux de ses disciples demander un logement au bourg actuel d'En-Gannim, petit village de la Samarie. On était au temps des fêtes d'Israël, et l'animosité des Samaritains contre les Juifs subissait une recrudescence. L'abri et la nourriture furent refusés aux envoyés de Dieu. En *vrais fils du Tonnerre*, dit M. l'abbé Fouard (1), ils s'émurent contre cette population inhospitalière, et ils s'écrièrent : « Seigneur, voulez-vous que nous disions au feu du ciel de descendre et de les consumer ? » Mais Jésus, qui était venu apporter au monde des mœurs nouvelles, se retourna vers eux et leur répondit : « Vous ne savez de quel esprit vous êtes : *nescitis cujus spiritus estis*. Le Fils de l'homme n'est pas venu perdre les âmes, mais les sauver. » Et, sans se plaindre d'être repoussé, Jésus passa dans une autre bourgade.

Le Christ s'était refusé à venger sa propre injure. En d'autres circonstances, il fut plus véhément, car il voulut enseigner le respect dû à ses ministres. Il leur recommanda, une fois arrivés dans une ville, de chercher tout d'abord une maison qui les reçût et de lui adresser l'antique salut : « La paix soit dans cette demeure ! » La paix y entrerait avec eux, si les habitants s'en montraient dignes. Dans le cas contraire, les disciples n'auraient plus qu'à secouer hors de l'habitation inclémente la poussière de leurs souliers. Par là, ils se déclareraient étrangers au châtiment prêt à tomber sur les coupables, et qui serait plus effrayant que celui de Sodome et de Gomorrhe (2).

1. *La Vie de Notre-Seigneur Jésus-Christ*, t. II, p. 53. V^r S. Luc, IX, 52 à 55.
2. V^r encore l'abbé Fouard, t. I, p. 423. — Cf. S. Math., X, 11 à 15.

L'histoire de Barrême nous montre une mise à exécution de cette menace divine.

Saint Ysarne, dit la chronique, étant abbé de Saint-Victor, parcourait un jour ce pays-ci. Les habitants lui refusèrent tout accueil. La foudre vengeresse fondit sur eux. Seules, une grange, où il avait passé la nuit, et la maison d'une pauvre veuve, qui avait fait l'aumône au voyageur, furent épargnées par l'incendie. Ces faits se passaient vers 1040 (1).

Depuis lors, d'autres malheurs ont visité Barrême rebâtie. En 1860 encore, l'affouillement des eaux et le jeu des éboulements menaçaient la ville moderne. Elle apparaît aujourd'hui à la naissance d'une agréable plaine, à proximité de champs fertiles. Elle est descendue au bas de la colline. Seuls les ascensionnistes s'en plaindront.

A part quelques raretés exhumées par les numismates, à part le déploiement des *cadis* ou mi-draps, principal article industriel qui brille sur le dos des gens du pays, Barrême offre peu de prise à la curiosité. Il n'en est pas de même de Senez, situé à quelque distance, et où un chemin d'embranchement mène les piétons et les voitures.

La vieille cité date sûrement des Romains. La Notice des villes de l'Empire la nomme *civitas Sanitiensium*. Sans recéler un trésor caché, son sol est riche en pièces de monnaies. Elles portent l'effigie d'empereurs romains, Dioclétien et Constantin notamment.

Ravagé en 812 par les Sarrasins, en 1536 par François Ier, en 1560 par les Protestants, le pays ressemble à un cimetière de bâtisses. Il a

---

1. *Acta Sanctorum*, 24 sept., t. VI, *Vita S. Ysarni*, cap. III, p. 742.

eu de l'importance dès la fin du IVe siècle, époque où fut créé l'évêché. La cathédrale, construite en pierres de grand appareil et en plan de croix, est devenue simple église paroissiale. Elle a vu s'asseoir sur le siège épiscopal l'Oratorien Jean Soanen, disciple de Quesnel, guide trompeur de ses ouailles, que le concile d'Embrun condamna en 1727. Le roi lui assigna pour résidence l'abbaye de la Chaise-Dieu, et les pèlerins jansénistes allèrent y vénérer *le saint*. Massillon, évêque de Clermont, refusa toute visite au prélat indocile.

Si nous revenons sur nos pas et remontons, sous une chaleur caniculaire, à Moriez, nous serons attirés par le voisinage enchanteur d'un réservoir d'eau, retrouvé en 1636, sous les éboulements. Il est salué de vivats comme pourrait l'être un oued algérien ; un de nos compagnons, qui veut s'y désaltérer, revient esquissant une grimace. L'eau est salée, fait aussi surprenant, en son genre, que le fut, un jour, pour nous, la découverte d'une source d'eau douce, en pleine mer, à Sainte-Marguerite, une des îles de Lérins.

De Moriez, voyez la route de voiture qui s'élève en colimaçon sur un petit col, d'où elle descend à Saint-André-de-Méouilles. La voie ferrée, de son côté, fonce droit sur la montagne, qu'elle éventre. Le dessin bizarre des sommets, les obélisques, les pitons, les ogives de pierre, arrachent des exclamations à nos voisins, qui s'excitent mutuellement à l'admiration et ne veulent pas s'être déplacés pour rien. Bientôt le remblai fait place à un tunnel. En regardant au bout, comme dans une longue-vue, on voit poindre, puis s'épanouir, la vallée du Verdon. En ce moment, le Verdon dort immobile dans un encaissement profond : tel un paresseux qui n'aime pas à quitter son lit. Une tour carrée, placée en vedette au haut d'un mamelon, garde les approches de Saint-André. Ici paraît se clore l'ère des chemins de fer : nous retournons au temps des diligences. Celle qui doit nous prendre s'apprête à partir. A côté d'elle piaffent les chevaux qui font le service de Castellane.

III.

Pendant l'entr'acte qui nous est accordé, nous cherchons vainement autour de nous quelque objet digne d'intérêt. Des manufactures de draps offrent peu d'attrait narratif. Le livre de l'histoire n'est pas moins muet ici que le livre de la nature. Tout au plus y a-t-il lieu de noter un type de population affable et modeste, comme dans l'ensemble de cette région. Le parler est chantant et plaintif : on dirait une cantilène. Il est empreint d'une nuance de douceur qu'a aussi le patois de Nice, et qui fait complètement défaut, hélas ! au dialecte marseillais.

Sur le préau du départ, nous recevons l'affluent des voyageurs qui sont venus de Colmars et d'Allos : Colmars, renommé pour ses eaux glaciales ; Allos, pays de pâturage, sillonné, aux changements de saison, par les migrations des transhumants, qui se déroulent en file allongée et forment un tableau biblique ; Allos, dont les montagnes abritent les rares survivants d'une race fameuse et inconnue, le joli petit animal que les Savoyards du temps jadis amenaient à Paris, et qui n'a plus d'autre emploi que d'être le symbole littéraire du sommeil, la marmotte. Les marmottes étaient encore nombreuses à la fin du siècle dernier ; de là le langage mordant du comité français de Nice à l'adresse des ducs de Savoie. Une lettre envoyée à la Bollène portait: « Vous avez mal compris notre circulaire..... Vingt-sept millions de Français suffiront pour exterminer le *roi des marmottes* et tous les autres tyrans..... (1) »

Nous laissons à gauche la route de Colmars-Allos et nous côtoyons la rive droite du Verdon. La diligence décrit de nombreuses courbes et chemine presque toujours sur digue. Un faux pas de nos chevaux nous coûterait cher.

Le besoin de relayer fréquemment et les menus détails du trafic commanderont des haltes nombreuses et longues. L'aspect de la campagne ne nous dédommage pas de cet ennui. On dirait des dunes de pierres. Elles sont aussi mornes et désolées dans leur genre que les steppes crayeux de la Champagne pouilleuse et les steppes caillouteux de la Crau. La surface de la Lune doit être ainsi. Plus loin, nous apercevrons des poteaux indicateurs, permettant de se retrouver par les temps de neige. On voit de ces points de repère au Brévent, en Savoie, ou même dans des pays de plaine, sur les bords verdoyants de la Charente, qui parfois inonde les prairies et efface la trace des chemins.

Archéologues, admirez les ruines du pont Julien, qui traversait le Verdon et qui avait été jeté, on le prétend, par Jules César! Il continuait la voie prétorienne, qui allait de Cimiez à Riez. Le nouveau viaduc (nouveau par comparaison), qui a hérité le nom et la clientèle de l'ancien, date, sous sa forme actuelle, de 1698. Le nombre

---

1. V^r *Hist. de la Révol. franç. dans les Alpes-Marit.*, par le chanoine TISSERAND, p. 265.

des habitants du pays et, par conséquent, des passants, décroissant d'année en année, il fera un long usage.

Laissant à droite le village de Saint-Julien, nous pénétrons dans la clus du même nom. Précaution charmante ! la route est minée. En divers endroits sont des puits qui permettront de la faire sauter, toute taillée qu'elle est dans le roc vif. Voilà bien la civilisation moderne ! Elle s'emploie de son mieux à améliorer les voies de communication et, au besoin, à les détruire. Le sabre de M. Prudhomme ne faisait pas mieux.

Nous montons à Vergons. L'ancienne localité a été pulvérisée par la chute de la montagne de Chamatte. Elle renaquit de ses cendres au pied des rochers destructeurs et fut encore anéantie, puis reconstruite. Vergons était le chef-lieu d'une peuplade guerrière. Rome en prit possession et fit passer par son territoire la voie prétorienne. Parmi les pièces retrouvées ici, plusieurs figurent, avec honneur, au riche cabinet de médailles que Marseille possède. La montagne qui détruisit deux fois Vergons descendait jadis en pentes douces vers la vallée ; elle s'est démolie elle-même par une série d'éboulements qui l'ont sillonnée d'escarres béantes ou coupée de précipices abrupts. Si l'on visite le champ de ruine de l'ancienne ville, on remarquera, dans le cimetière actuel, la chapelle de Notre-Dame de Valvert, édifice légèrement ogival, en pierres fort dures, qui peut dater du XIIIe siècle.

On montait pour atteindre Vergons : on monte encore pour franchir le col de *Toutes-Aures*, col battu de tous les vents, comme l'indique son nom, *Aurae*. Puis, la descente commence dans la direction d'Annot. Un petit tunnel encore, et nous arrivons à Rouaine.

Quand vous aurez dépassé ce hameau, qui fait partie de la commune d'Annot, ouvrez grands les yeux. Vous vous trouvez en présence d'une des plus belles entailles, d'un des plus gigantesques coup de sabre qui ait ouvert le flanc de la montagne. La voiture, dominée par des rochers en encorbellement, glisse dans un long couloir, comme dans un tube pneumatique. Comment fera la voie ferrée pour se frayer à son tour un passage ? Les gorges du Fier, en Savoie, dont l'étranglement est proverbial, ne soulèveraient pas un problème plus compliqué. Et cependant une étroite chapelle, Notre-Dame des Neiges, s'est accrochée aux parois de droite. De vrais pèlerins s'y aventurent le 5 août.

La clus de Rouaine, dite aussi de Saint-Joseph, ne mesure pas moins de trois kilomètres de long. Tout hérissé qu'il est de difficultés, et peut-être pour cette raison même, ce passage reçut, en 1793, la visite de Bonaparte, simple officier d'artillerie, qui accompagnait le représentant du peuple Ricord. Saisi d'étonnement : « C'est ainsi, s'écria-t-il, que les Français maîtrisent la nature ! » Il a fait plus lui-même, il a pendant quinze ans maîtrisé et tenu en laisse les Français.

La route nouvelle est plus régulière et tout aussi élevée, tout aussi pittoresque que l'ancienne. Elle a exigé de hauts parapets et un viaduc de quarante-cinq mètres sous tablier : c'est le pont de Saint-Joseph. De chaque côté du chemin ont été ménagés, comme à la clus de Saint-Julien, d'énormes puits de mines affectés à la destination que nous savons.

Le viaduc ancien se découvre, quelques mètres plus bas, à un point où le chemin forme un boyau étroit. Il permet de mesurer le progrès des temps, comme une vieille chapelle romane enclavée dans une cathédrale gothique.

Le futur conquérant, qui visita Rouaine, devait trouver dans ce pays d'autres surprises. Un souvenir toucha son cœur, ce cœur qu'on aurait cru de fer.

> Rien d'humain ne battait sous ton épaisse armure.

Au sortir de la clus, une magnifique forêt de châtaigniers lui rappela son pays natal, comme les cloches de la Malmaison devaient, plus tard, réveiller, dans l'âme du Corse catholique, les pieuses impressions de son enfance.

Ces châtaigneraies, caractéristiques du climat, qui tapissent les terrains sablonneux, deviennent de plus en plus fournies, et le pays de moins en moins sauvage à mesure qu'on approche d'Annot. Cette dernière agglomération n'est pas sur notre route directe. Au hameau des Escaffarels, à deux kilomètres de la petite ville, on fait un détour dont le motif est plausible. L'homme ne vit pas seulement de pain, mais la perspective du déjeuner n'en est pas moins la bienvenue.

A Annot, station estivale fréquentée et but attrayant d'excursions en toute saison, nous trouvons attablés des pensionnaires venus pour remplir leurs poumons d'air, sans vider tout à fait leur bourse.

Un point noir existe-t-il dans ce ciel pur? Faut-il croire ce qui se chuchote à côté de nous, que la diphtérie sévit quelquefois ici, tout comme elle sévirait à Colmars et à Entrevaux? Les mères de famille frémiront au seul mot de croup,

> Épervier des ténèbres.

Nous ignorons si le pays renferme des germes morbides : nous ne savons qu'une chose, c'est que l'air d'Annot est garanti bon.

Nous allons, au sortir d'un repas copieux, faire une promenade aux bords de la Vaïre. Une verte vallée, où l'eau serpente de tous côtés, çà et là de magnifiques platanes, une majestueuse avenue de noyers, une ville bien bâtie, voilà le premier aspect qui nous frappe.

Annot peut se flatter d'une antiquité respectable. Il était déjà connu des Romains. Au XIIIe siècle, ses maisons occupaient encore un des coteaux de la montagne. Aujourd'hui, ce dernier endroit porte le nom expressif de *Vers-la-Ville*. Une vieille chapelle y perpétue les souvenirs du passé. Tout autour de la chapelle étaient rangées des tombes que des fouilles intelligentes ont mises au jour. Sur l'emplacement de l'ancienne cité, de nombreux rochers portent des cicatrices, sous forme d'orifices carrés qui étaient destinés à recevoir les poutres des maisons voisines. Des restes de maçonnerie témoignent d'importants moyens de défense. Une galerie, terminée par des rochers en gradins et dont on ignore la destination, a reçu le nom de *Chambre du Roi*. Le personnel, tout uniment bourgeois, qu'elle a logé, devait se composer de fuyards poursuivis par les Musulmans. Un sûr asile leur était ménagé dans cette pittoresque demeure, qui est bastionnée de rochers à pic.

A un moment donné, des événements militaires auront déterminé les citoyens d'Annot à descendre dans la vallée. Quel qu'ait été leur motif, la seconde ville a été bâtie, en 1260, par un petit nombre d'habitants échappés au massacre des croisés de Louis VIII, poursuivis par les Albigeois. Ceux-ci se fortifièrent dans

Annot. Ils trouvèrent, dans le premier quartier construit (l'étroite rue du Coullet), une bonne position stratégique. Ses sinuosités permettaient aux assiégés de se mettre à couvert des traits de l'ennemi. D'ailleurs, les remparts étaient eux-mêmes protégés par des tours crénelées, dont la principale sert d'abside à l'église paroissiale. Marie de Blois, veuve de Louis 1er, duc d'Anjou, écrivant, le 15 mars 1390, au *Castrum de Annoto*, louait l'esprit belliqueux des habitants.

Une mention sommaire suffira pour l'église, qui est surmontée d'une tour quadrangulaire, et pour l'industrie des draps et des poteries. Les draps sont florissants, dit-on. Nous l'avons cru, sans y aller voir. Ce qui regarde l'instruction publique nous tenait davantage au cœur. Les Basses-Alpes ont, à cet égard, un beau passé et un présent non moins recommandable. Dès 1655, un collège prospérait à Forcalquier : il passa sous la direction des Jésuites. En 1828, époque où furent expulsés ces dignes maîtres, un établissement ecclésiastique, fondé deux ans auparavant à Annot, recueillit leur héritage. Cet établissement compte quatre-vingts élèves, presque tous internes. Beaucoup de vocations ecclésiastiques y prennent naissance et elles ont déjà donné à l'Eglise des sujets très méritants. Nous devons à la rare obligeance d'un ancien élève de cette école de très précieux renseignements sur le pays qu'il habite, sur une région digne d'être explorée en détail et qui est tout à la fois inconnue et méconnue.

Cinquante minutes mesurent la durée de notre halte. En repartant, nous recommençons à descendre. La route est semée d'énormes blocs qui ont roulé à une époque indéterminée.

Ici, comme au Chaos, près de Gavarnie, on croirait traverser un champ de bataille de Cyclopes. La montagne, fourrée d'un royal manteau de châtaigniers, est hérissée d'escarpements prêts à se détacher encore. De gros cubes de pierre se tiennent debout par un miracle d'équilibre. D'autres, établis à poste fixe, portent sur le dos de petites habitations, auxquelles on accède par des degrés taillés à main d'homme, pareils à un escalier pratiqué par le piolet dans un glacier. D'autres encore, partagés par le milieu, offrent les galeries les plus singulières. Un spectacle digne de la lanterne magique fait, par-dessus tout, la joie des bonnes gens. Aux équinoxes, le soleil apparaît à travers des orifices nommés Portettes, qui le divisent en trois lobes lumineux. Des touristes, qui n'auront jamais la curiosité de regarder l'astre à travers le grand équatorial, à l'observatoire de Nice, se détourneront de leur chemin pour le voir derrière les Portettes. Tout voyageur est un peu badaud.

D'ici à Entrevaux, rien d'important à signaler. On montre tout au plus un rocher qui porte le nom de *Rocher du diable*. Chaque pays a son rocher du diable qu'un pauvre mortel ne pourrait soulever, et que Satan porte prestement, quitte, après un certain temps, à être retenu dessous. Malheureusement, le malin esprit s'évade toujours, comme un moineau d'un piège enfantin.

IV.

Au hameau des Escaffarels par où nous repassons, la voie se taille une corniche dans le roc. Cette voie n'est autre que l'ancienne route rectifiée. Autrefois on franchissait un pas difficile, dit pas de Saint-Antoine. On gravissait et on redescendait un rocher que nous voyons s'avancer en promontoire au-dessus de nos têtes. On tourne aujourd'hui la difficulté, je veux dire le promontoire, en longeant la rive gauche de la Vaïre. Au bas d'une pente, on se trouve sur la rive droite du ruisseau du Coulomp. On le passe sur le pont de la Done, près du confluent où la Vaïre reçoit cette rivière. On approche ainsi du Plan-de-Coulomp, au milieu duquel s'élève une modeste chapelle, dédiée à la patronne du lieu, Notre-Dame de Coulomp.

Daigne protéger notre *route !*...

Au haut d'un mamelon, et couronné des ruines d'un couvent de Bénédictins, surgit le village de Saint-Benoît. A peu de distance, à une élévation assez grande au-dessus de la voie nationale, est une grotte qui porte aussi le nom du Saint. Elle est curieuse, mais d'un accès difficile. Des stalactites et des stalagmites la décorent. Elle a quatre cent cinquante mètres de long sur six à huit de large, sans parler des ramifications. Elle renferme, outre des fragments de poterie rougeâtre, des ossements d'hommes et d'animaux, remontant à une époque reculée et ayant très vraisemblablement une origine indigène. Les érudits ont gratuitement supposé que là reposent les restes des Celto-Lygiens, qui, ayant résisté aux Romains, furent poursuivis, par ordre de Fulvius, jusque dans les bois et les cavernes, où l'on finit par les détruire à l'aide du feu. Plus de morts que de vivants, c'est toujours le compte dans les Basses-Alpes.

Le chemin, pratiqué dans le rocher, fait le tour de la grotte, laisse à gauche la route de

Saint-Benoît, et à droite un pont que Mme de Gueydan avait jeté sur le Coulomp pour faire passer ses troupeaux. Ce viaduc porte une inscription gravée : *Vive Jésus !* et, entre les deux mots, le millésime de 1733.

Encore un tunnel, et bientôt nous serons dans le bassin du Var. Un ancien poste de douane est l'unique et mélancolique monument qui s'élève à la jonction des deux cours d'eau.

Le Var est un fleuve auquel, en certaines saisons, on ferait volontiers, comme au Mançanarez, l'aumône d'un verre d'eau. Un viaduc de construction moderne nous fait passer sur la rive gauche. A côté est l'ancien pont, qu'on a eu le bon goût de pas détruire. Il est dit pont de Gueydan. C'est une belle arche à plein cintre, de vingt et un mètres d'ouverture et d'une grande légèreté. Elle est appuyée sur des rochers d'une structure majestueuse.

Nouveau tunnel, le quatrième depuis Rouaine. Un peu après, au Pont Noir, la voie se divise en deux tronçons, dont chacun suit une rive du Var et aboutit à Entrevaux. Depuis 1895, le Pont Noir, en bois, qu'une forte chaîne retenait en place, a disparu. Il a été reconstruit en pierres de taille.

A peine a-t-on traversé le fleuve et pris le chemin de droite, praticable aux voitures, on voit scintiller les courtines jaunies du fort d'Entrevaux, qui découpe ses crénelures septentrionales sur un ciel aussi bleu que celui de Nice.

A notre entrée dans la vallée supérieure du Var, nous avons eu tout juste le temps de remarquer un des beaux spécimens connus de ce que les géologues nomment *portes de fleuve*. Ces curiosités sont fréquentes dans les pays de mon-

Planche 5

Ligne du Sud de la France. - Entrevaux

tagnes. Deux monolithes naturels, élevés sur chaque berge, se dressent comme ces obélisques égyptiens qui gardaient l'avenue des temples. Sans être aussi renommées que les portes du Fier, celles du Var ont été favorisées par la nature de la même beauté architecturale. On se souvient aussi, à leur aspect, des deux colosses de granit, laissant à peine un passage au Guiers, qui forment un pylône d'entrée au désert de la Grande Chartreuse.

Nous arrivons à Entrevaux. L'histoire de cette ville est accidentée. L'ancien Entrevaux, établi d'abord sur une colline, au quartier de Glandèves, s'est développé plus tard dans les plaines de la Seds, sur la rive droite du Var. Connu dès le IVe siècle, il fut ravagé par les Lombards, par les Sarrasins, par les guerres civiles, fléaux auxquels s'ajoutèrent les débordements du fleuve. Sa ruine date probablement de la peste de 1348 et des ravages exercés par des bandes d'aventuriers, que commandait Raymond Roger, vicomte de Turenne, surnommé le *Fléau de la Provence*. Dès le XIe siècle, les habitants avaient émigré sur la rive gauche. Ils voulaient se soustraire aux visites du Var et à celles de l'ennemi. Ce fut l'origine du moderne Entrevaux.

Glandèves fut, vers la fin du IVe siècle, dotée d'un siège épiscopal. De grands prélats l'illustrèrent, entre autres Philippe et Jacques de Terrail, frères de Bayard, qui occupèrent ce siège successivement, de 1520 à 1535. Puis, vint Jean-Dominique Ithier, qui construisit le palais de la Seds et l'entoura d'un superbe parc encore subsistant. L'allée de platanes qu'on y admire date de cette époque. Jean-Baptiste de Belloy fut un des pasteurs du diocèse. Il le quitta pour remplacer Belsunce à Marseille et pour devenir ensuite archevêque de Paris. Comme ses évêques, l'évêché a voyagé : il fut transféré à Entrevaux, sans d'ailleurs changer de nom. En 1790, il a été supprimé.

Le vieux Glandèves se survit dans son ancien château, dont le parc appartient aujourd'hui aux Religieuses du Saint-Cœur de Marie. Ces institutrices réputées ont élevé, à côté de l'ancien palais épiscopal, une maison d'éducation dont l'aspect est magnifique et dont la direction répond aux promesses du dehors.

En 1536, Charles-Quint se disposant à envahir le Midi de la France, un détachement de son armée s'empara d'Entrevaux, qui appartenait au Piémont. La ville fut incendiée et la garnison passée au fil de l'épée. Plusieurs années après, quand l'empereur eut été forcé d'évacuer la Provence, une jeune fille, animée d'un ardent patriotisme, prit une initiative semblable à celle qui devait illustrer, un siècle plus tard, en 1692, à Noyons, l'héroïque Philis de la Tour-du-Pin-de-la-Charce. Tout comme celle-ci expulsa le duc de Savoie, Victor-Amédée II, allié aux Impériaux, la citoyenne d'Entrevaux délivra son pays. Elle convoqua secrètement les paysans d'alentour, se mit à leur tête, surprit la garnison espagnole et la chassa de la citadelle. Elle proposa ensuite à ses compatriotes de se placer sous la protection de François Ier. La motion fut acclamée, et, depuis cette époque, notre patrie n'a compté, dans aucune région, de serviteurs plus dévoués.

Au témoignage du capitaine Laugier, dont les *Cahiers*, récemment exhumés de la bibliothèque Méjanes, à Aix, ne le cèdent pas en intérêt à ceux de Coignet, c'est d'Entrevaux que partit, en 1792, l'étincelle qui alluma la guerre entre la France et la Sardaigne. Il faut lire, sous la plume du grognard en retraite, le tragique épisode de chasseurs qui s'étaient rendus, un jour de fête publique, à Puget-Théniers, sur l'invitation du commandant de cette place, et qui essuyèrent des coups de feu de la part des troupes sardes, irritées de provocations qui leur avaient été adressées, peu de jours auparavant, par des soldats français. Que ces lâches représailles aient été le motif ou le prétexte de l'envahissement de Nice, toujours est-il que le général d'Anselme, dans son manifeste aux Niçois, ne manqua pas de rappeler le fait.

Le même narrateur nous montre quel a été, dans le petit pays d'Entrevaux, le contre-coup des agitations révolutionnaires de Paris. Au mois de juin de cette année 1792, des douaniers vinrent annoncer publiquement que le grand-vicaire et les chanoines de Senez passaient à quelque distance de là, fuyant le sol troublé de leur patrie. Aussitôt s'ameute la foule, à laquelle se joignent quelques grenadiers, et, dans le nombre, des soldats invalides, exaltés plus que les autres. Le commandant d'Entrevaux fait battre la générale et mettre la garnison sous les armes. On surprend les fugitifs dans un défilé du Var. Le grand-vicaire est renversé et perd la vie au fond d'un précipice. Quatre chanoines sexagénaires, escortés par les grenadiers, sont conduits en ville et mis provisoirement en sûreté dans une maison particulière. Ils y reposaient depuis quelques heures, étendus sur des lits de paille, lorsque tout à coup, dans la nuit, la population tumultueuse parla d'enlever les prisonniers. Trois invalides offrent aux meurtriers le secours de leurs membres à demi mutilés, et ils dressent des cordes pour pendre « ces capucins qui ne veulent pas prêter serment » à la constitution civile du clergé. Le brave Laugier accourt. La foule pénètre à sa suite dans le vestibule. Les malheureux ecclésiastiques attendaient la mort. L'un d'eux se soulève, donnant des marques de frayeur. Laugier, interprétant plus ou moins exactement son geste, s'écrie : « Vive la nation ! Ils ont prêté serment ! » Les invalides répondent en poussant le même cri, et ils se hâtent de détacher les cordes. Avant l'aurore, le commandant fait évader les quatre chanoines, qui gagnent l'Italie sans être inquiétés.

Au point de vue pédagogique, Entrevaux n'était pas en reste avec Annot. Il avait un collège-séminaire, où se recrutait le clergé de Glandèves, et qui possédait 1,800 francs de rente en biens-fonds. Toute cette contrée, dans un vaste rayon, était lettrée, et elle fournissait une large contribution à la science. Si l'on songe qu'il existait aussi un collège à Sospel, un autre à Puget-Théniers, on se demandera s'il est juste de parler de l'ignorance de la France ancienne, et s'il ne vaudrait pas mieux parler de l'ignorance de ses détracteurs.

Entrevaux *(inter valles)* s'avance sur un promontoire entouré par le Var. Bâti en amphithéâtre au penchant d'une colline, ceint de montagnes qui constituent un premier mur de défense, il a conservé son vieil aspect et il figure parmi les places fortes de troisième classe. Aujourd'hui occupé par une compagnie entière, il était, il y a quelques années, gardé par cinquante hommes, que commandait un seul officier. Les Romains n'en réclamaient pas davantage pour tenir sous leur dépendance de vastes territoires, et cela dans les Gaules mêmes qu'ils avaient eu quelque peine à conquérir.

Le fort, vers lequel nous guide la ligne sinueuse d'une muraille à créneaux, n'est pas

SOSPEL. — LE VIEUX PONT.
(D'APRÈS UNE PHOTOGRAPHIE.)

déclassé, mais il est devenu un luxe inutile depuis que la Savoie est terre française et qu'il ne ferme plus un des passages qui menaient du Piémont dans notre pays. Il offre d'ailleurs un beau type d'architecture militaire : on sent que la main de Vauban a passé par là. Le grand ingénieur fut appelé, en 1693, à restaurer ce monument. Il a laissé dans tout le Midi, à Antibes, à Toulon, à Marseille, et sur les côtes de Provence, depuis le Var jusqu'au port de Bouc, la trace de son art savant, secondé par un goût rare et par un bon sens qui s'élevait jusqu'au génie.

La ville a trois portes, — par où l'on ne passe pas, du moins en voiture. Nous mettons pied à terre, et, franchissant un pont-levis, nous nous engageons dans des ruelles privées de l'avantage d'une bonne voirie, et qui n'en sont pas pour cela plus pittoresques. L'église, cathédrale déchue, se cache dans un angle éloigné du centre. Elle date du XVIe siècle. On vante souvent l'élégance, jointe à la simplicité, qui caractériserait son architecture. Ce caractère ne m'a point frappé. J'ai remarqué en revanche le faste tout italien, pour ne pas dire oriental, de la décoration intérieure. Les paroissiens sont surtout fiers de la beauté du chœur. Les ornements et les peintures débordent autour de dix ou douze niches qui abritent de saints personnages, submergés par des flots d'or que ne connut pas leur pauvre vie.

V

La diligence a fait à Entrevaux un arrêt plus long que partout ailleurs. Néanmoins nous ne quittons pas sans regret cet aimable pays, au climat tempéré, aux coteaux diaprés de vignes et d'oliviers, hanté par de vieux souvenirs et aussi par les survivants, nous allions dire les revenants,

Planche 6

Puget-Théniers. - Ligne du Sud de la France

d'une bourgeoisie qui fond à vue d'œil, comme la noblesse légendaire d'une cité voisine, de Saint-Paul. Les grandes villes sont des abus, disait M. de Bonald. Ce sont des chancres ou, si l'on veut, des gouffres dévorants. La vie disparaît dans leur voisinage, — et la moralité sombre dans leur intérieur.

Désormais nous ne quitterons plus les rives du Var. Dans une heure, nous atteindrons Puget-Théniers par une route qui traverse encore le fleuve et qui offre, sur tout son parcours, un découvert gai et ensoleillé. On trotte vivement sur la chaussée, qui a exactement la pente du Var. On jette un coup d'œil, en passant, sur une belle digue de sept kilomètres de long. Elle protège la maçonnerie de la voie et, en même temps, les voyageurs contre l'explosion soudaine des crues déterminées par les torrents.

Maintenant irons-nous, après tant d'autres, décrire Puget-Théniers ? Nous voudrions épargner au lecteur de fastidieuses redites. Quand nous aurons rappelé que la patrie de Papon fut jadis le *castrum de Pugeto de Thenariis ;* qu'elle servit, dès les premiers temps de l'Empire, de résidence municipale à un préteur ; que, ruinée par les Barbares, devenue, au moyen âge, viguerie du comté de Provence, elle se donna, en 1388, à la maison de Savoie ; que, grâce sans doute à ses franchises locales, elle était alors plus peuplée qu'aujourd'hui, — ce qui n'est pas dire grand'chose — ; quand nous aurons ressassé ces détails connus, nous serons quittes avec son histoire. En témoignage du passé, la ville montre quelques pans de murs de son enceinte ainsi que les ruines d'un château-fort. En témoignage du présent, elle offre une église paroissiale du XIIe siècle, dont l'aspect est celui d'une forteresse.

Une sorte de verrue architecturale l'a longtemps déshonorée. Devant la porte principale, ornée de sculptures gothiques, s'élevait un misérable porche, destiné à mettre l'intérieur à l'abri du vent. Les voyageurs qui connaissent la belle cathédrale de Mende savent qu'une excroissance aussi ridicule a pris place contre la façade. Ces sottes additions sont longtemps tolérées, précisément parce qu'elles sont provisoires. En revanche, de charmantes maisons de la Renaissance, que l'on voit encore à Puget-Théniers, tomberont bientôt peut-être, dans un intérêt d'*embellissement*, sous la pioche des démolisseurs.

Par son origine, l'église Saint-Martin revêt un intérêt historique. Elle a été bâtie, dit-on, par les Templiers. Cet Ordre militaire comptait de nombreuses commanderies dans les environs et il a laissé en maints endroits, à Cogolin, à Grimaud, à Saint-Martin-Vésubie, à Roquebillières, à Biot, à Vence, au château de la Gaude, des souvenirs qui attestent sa vaste organisation. C'est à lui qu'était confié le réseau sémaphorique qui reliait les villes de Provence et qui les avertissait de l'arrivée des Sarrasins (1).

Nous en avons fini avec la tournée obligée en ville. Une petite fontaine à jet d'eau, un pont en bois jeté sur le Var, ce sont là des œuvres d'intérêt secondaire. Ce qui charmera davantage, ce sont les approches de l'Italie monumentale et pittoresque. Elle s'annonce par les maisons à galerie et à balcons, de plus en plus nombreuses dans les rues, et par la chaleureuse tonalité du paysage. Nous l'atteindrons promptement, cette

---

1. V^r Albert Germondy, *Bullet. de la Soc. des scienc. du Var*, 1864-1865, p. 220.

Italie fascinatrice, car nous allons maintenant remonter en wagon.

VI.

Nous avons dit dans un précédent récit pourquoi nous avions renoncé à décrire un curieux
tronçon de route. Ce n'est pas que la tentation
nous manquât, mais nous arrivions bien tard
pour glaner des détails nouveaux. Nous aurions
pourtant aimé à conter au lecteur, ne fût-ce que
pour nous les rappeler à nous-mêmes, les ter-
reurs et les émotions de ce fantastique parcours.
Nous aurions aimé à peindre, à flanc de coteau,
avec ses maisons massées confusément et percées de fenêtres allongées en meurtrières, le
joli village du Touët-de-Beuil. Il pose devant
nous comme devant un objectif photographique ;
il est relié à la station par les méandres d'un
sentier où s'intercale le viaduc le plus gracieux,
viaduc à arcades aveugles, portant, au moment
où nous passons, une brillante cavalcade de
promeneurs venus de Nice. Nous aurions aimé
à évoquer l'inoubliable vision du défilé du Ciaudan. Il n'y a pas, entre Cologne et Mayence, de
vieux castel à revenants et à légendes brunissant
les rives du Rhin, il n'y a pas de palais ensorcelé
dans l'Edda scandinave, pas d'hallucination
d'Édgar Poë, qui atteigne à la beauté spectrale
de ces gorges contemplées au clair de lune. Sous
le livide reflet de l'astre qui, selon l'expression
du poète anglais, rend les ténèbres visibles,
darkness visible, la nuit, qui allonge les distances,
donne aux moindres accidents du terrain des
proportions démesurées. Par un phénomène bien
connu des explorateurs du pôle nord, l'influence

terrifiante de l'obscurité se fait sentir. Au moindre son, on lève l'oreille. Le bruissement du lézard effarouché, les lourdes voletées du chat-huant dérangé dans sa retraite, donnent l'illusion d'une danse aérienne d'elfes et de gnomes malfaisants. De jour, la traversée n'est guère moins émouvante. Encaissée entre des rochers infranchissables, que hérissent, comme une végétation en révolte, des touffes de pins échevelés, la voie ferrée rase l'abîme. Elle gagne tantôt sur le mince liseré de la route de terre, tantôt sur le lit même du fleuve torrentiel. Ici, elle s'engage sous une ogive naturelle qu'on prendrait pour un arc de triomphe. Là, au sortir de la nuit d'un tunnel, elle se précipite dans un enfoncement rocheux à peu près aussi noir, où le convoi paraît sombrer comme en un naufrage. A un moment donné, à travers des parois multicolores, hautes de deux cents à quatre cents mètres et striées de cannelures horizontales, une fente gigantesque se dessine, à droite. C'est la gorge du *Loetto*. On aperçoit, dans un éclair, le hameau de Revest, qui culmine à l'horizon. Puis, la prison se referme, sans nulle échappée vers le ciel, sans qu'un rayon de lumière solaire, cette lumière qui inonde les campagnes voisines, descende au fond de l'antre infernal. L'industrie humaine, qui a exploré les catacombes où gisent le pétrole et l'anthracite, n'a pas désarmé devant les obstacles dont la nature est ici obstruée. Elle a ouvert des exploitations aux flancs des murailles calcaires, et nous voyons osciller au-dessus de nos têtes tout un appareil de câbles fixés à l'arête supérieure, qui servent à descendre et à remonter les carriers.

Quand on sort de cette reine des clus, au Pont-du-Var, au confluent du fleuve et de la

Vésubie, le paysage, sans être aussi tourmenté, a encore une saisissante physionomie. Comme autant de vigies aériennes, de blancs villages nous regardent et nous suivent longtemps des yeux. C'est Bonson, c'est Carros, c'est Gattières, c'est le Broc. Le groupement désordonné des maisons, les longues façades sans portes ni fenêtres, trahissent une origine musulmane et donnent une idée des karoubas de Kabylie.

A Colomars, où la voie bifurque vers Grasse, le train stationne assez longtemps pour nous permettre d'aller, d'un pas rapide, jusqu'au pont de la Manda. Ce viaduc stratégique, qui relie Nice au département du Var et qui dessert un itinéraire prudemment éloigné de la côte, nous laisse voir, à travers ses rampes d'acier et le treillis de ses fils métalliques, une triple rangée de voyageurs : un convoi de chemin de fer au sommet, à l'étage inférieur une lente charrette, et deux modestes piétons sur la passerelle.

Plus loin, à gauche, les colmatages du Var et les terrains conquis sur l'énorme lit du fleuve font la joie des économistes. Enfin nous apercevons le mont Boron, le mont Alban, la colline du Château. Nous touchons à Nice, qui se présente sous le plus agréable aspect, alignant une rangée de toits gaiement teintés de rouge, entremêlant les dômes harmonieux de ses églises catholiques et les renflements bulbeux de ses chapelles russes, la rangée de ses terrasses décorées à la Véronèse et son peuple de villas aux frontons purs et réguliers ; Nice, déroulant sa baie des Anges comme une ceinture d'azur, et arborant, en guise de couronne murale, les coupoles assyriennes de son observatoire. Du côté de la terre, la ville se serre frileusement contre un triple revêtement de montagnes, qui jettent des reflets bleuâtres et dessinent des ondulations molles et nettes tout à la fois.

VII.

11 septembre 1895.

Êtes-vous peu pressé de gagner le chef-lieu des Alpes-Maritimes, arrêtez-vous à l'ancienne station du Plan-du-Var, puis remontez le cours de la Vésubie, par la nouvelle section de route exploitée depuis l'automne 1894, et qui se raccorde, dans l'intérieur du village de Saint-Jean-la-Rivière, à la vieille voie carrossable menant à Saint-Martin. Cette œuvre audacieuse rend bon témoignage de l'art des ingénieurs. Longeant la rive droite au début, tour à tour le chemin rampe sous des voûtes de roches surplombantes, il escalade des escarpements calcaires, il se suspend aux flancs des parois verticales, il se faufile dans des pertuis ténébreux, il s'abîme et disparaît dans le lit profond où gronde le cours d'eau. Celui-ci, grâce à d'habiles travaux d'art, a été utilisé pour le flottage des bois. Au-delà du village de Collet-Milommes, on traverse deux fois la Vésubie. Plus haut nous trouverons deux ponts mobiles, garnis de canons, qui gardent le passage. Pour le moment, nous croisons le canal qui porte à Nice, à Villefranche et à Monaco, le tribut des eaux de la rivière. L'aqueduc nous accompagnera longtemps. Son long cordon se développe à mi-hauteur, semblable à un listel architectural qui diviserait la montagne en deux sections géométriques.

Arrivé à Saint-Jean-la-Rivière, nous voyons s'élever et serpenter à gauche la route de voiture qui aboutit, à huit cents mètres d'altitude, à Utelle.

SAINT-MARTIN DE VÉSUBIE.
(D'APRÈS UNE PHOTOGRAPHIE.)

Utelle est une vieille cité ligurienne, dont les habitants, jaloux et fiers de leurs libertés municipales, étaient tous nobles, au Moyen Age. Une région voisine, dite de Manoinas, avait bien été érigée en fief, mais les redevances féodales s'y faisaient faiblement sentir. La reine Jeanne d'Anjou, qui était suzeraine, exigeait pour tout tribut une paire de gants de chamois. La redevance en gants était fréquente au Moyen Age. On ne peut dire de ces contributions qu'elles *dépouillaient les sujets*.

A Utelle, les hommes portaient, à la ceinture, en signe d'indépendance, un couteau d'une palme et demie de long. Ces mœurs batailleuses les préparaient à devenir ce qu'ils furent par la suite, condottieri en Italie. On ne voit plus aujourd'hui de coutelas qu'aux mains des bouchers du pays ; mais il reste du passé de plus aimables souvenirs, rues voûtées, vieilles bâtisses, pierres sculptées provenant des Templiers. Pour le présent, il faut mentionner une église un peu trop dorée et peinturlurée, dont l'extérieur se pare d'un élégant clocher et dont l'intérieur renferme un beau retable à sujets, datant du début du XVIIe siècle.

A notre droite, le spectacle n'est pas moins original. Au-dessus de nos têtes, court parallèlement à nous, comme au second étage d'un cirque ou d'un théâtre, le chemin qui conduit à Levens les voyageurs venant de la montagne. C'est ainsi que distraits, tantôt par la nature inculte, tantôt par la vue des perfectionnements apportés à la construction des routes, nous gravissons, sans nous en apercevoir, des rampes fatigantes. Nous marchons, l'oreille émue par le tonnerre des cascades que l'écho répercute, l'œil hypnotisé par la ligne éblouissante, rigide et monotone de l'aqueduc, qui se déroule comme une courroie sans fin. Presque toujours la gorge est étroite, comprimée entre des montagnes au pelage roussâtre, aux arêtes aiguës, aux reliefs limés et sculptés par l'action puissante de la neige, de la glace, des intempéries hivernales, aux flancs parsemés de chênes, un peu plus loin de sapins, et, en dernier lieu, de la végétation boréale des mélèzes.

Ces bords sauvages ont vu des scènes plus sauvages encore. Cette rivière aux eaux blanchissantes a été, par moments, teinte de sang. En 1792, à l'époque de l'invasion française, des corps de milice locale s'organisèrent pour la défense du pays. Les hommes qui les composaient reçurent la qualification méprisante de *Barbets*, en souvenir des anciens Vaudois réfugiés dans les Alpes-Maritimes. C'est l'époque où l'on appelait *Brigands de la Loire* les héroïques paysans de la Vendée. Employés comme corps francs pendant la guerre, les Barbets, il faut l'avouer, devinrent, à l'occasion, des contrebandiers et même des bandits. Des actes de cruauté ont souillé leur mémoire ; mais les peuples envahis entendent rarement la voix de l'humanité. Au siège de Saragosse, en 1808, les Espagnols n'ont pas été moins féroces à l'égard de nos compatriotes. A Roquesparvière de Duranus, les Barbets s'emparaient, dit-on, des traînards et des soldats errants ; ils étouffaient leurs cris en leur mettant dans la bouche un mouchoir, et ils les lançaient ensuite du haut d'une des montagnes à pic dont nous longeons la base, en criant : « Va, saute pour la République! » Ce précipice riverain de la Vésubie a gardé le nom de *Saut des Français* (1).

La guerre continua jusqu'en 1796. A ce moment, Victor-Amédée III consacra, par le

---

1. Cette désignation est parfois expliquée autrement. V^r *The Maritime Alps*, dans *The Alpine Journal*, feb. 1880, p. 389 (London, Longmans).

traité de Cherasco, daté du 15 mai, l'annexion de Nice à la France. Nice ne bougea plus. L'honnête population qui la composait avait pris les armes contre la Terreur. Le mouvement changea plus tard de caractère. Il fut entretenu par un sentiment de résistance obstinée à la conscription militaire, que les habitants voulaient rejeter avec les Français qui la leur apportaient. Cette longue lutte faillit brusquement terminer la brillante carrière de Kellermann. Une balle effleura son front, tandis qu'il gravissait les hauteurs de l'Escarène. D'ailleurs, les Barbets ne donnèrent plus signe de vie sous l'Empire. L'amnistie avait tout fait rentrer dans la tranquillité.

Trêve aux sanglants souvenirs. Jouissons en paix de la nature champêtre. Après avoir dépassé Saint-Jean-la-Rivière, nous rencontrons les bourgades successives de Lantosque et de la Bollène. Puis vient Roquebillière, cité voyageuse, qui n'a pas eu la fixité des ruches d'abeilles dont elle a tiré son nom, *Rocca aballiera*. Elle a fui et a malheureusement retrouvé, dans ses déplacements successifs, de terribles fléaux, l'inondation et les tremblements de terre, auxquels il faut ajouter le crétinisme. A droite, par l'embrasure naturelle d'une vallée largement ouverte, on aperçoit et on salue un des temples de la santé, l'établissement thermal de Berthemont. Enfin nous arrivons, à une heure tardive, après une longue et constante ascension, à la station de Saint-Martin-Vésubie, petit pays qui n'a pas reçu moins de trois noms. On disait Saint-Martin-Lantosque avant que l'éloignement où l'on est de Lantosque n'eût fait préférer le nom actuel. Et encore, dans la langue ecclésiastique, dit-on Saint-Martin-de-Fenêtre : nous verrons bientôt pourquoi.

Pendant la froide saison, qui dure huit mois,

toute vie disparaît sous un linceul de neige
L'heure où l'on coupe ailleurs les foins sonne le

LE SAUT DES FRANÇAIS A DURANUS.
(D'APRÈS UNE PHOTOGRAPHIE.)

renouveau. Cette Suisse du Midi, comme on l'a
justement appelée, est colonisée, en été, par des
familles niçoises, qui, loin d'y dévorer le fruit

de leurs économies, en réalisent de nouvelles.

Le gazon frais repose la vue. Les mille voix des sources, que la chaleur ne tarit pas, font à l'oreille une délicieuse musique. Devant nous, des monts entassés sur des monts, Pélion sur Ossa, défendent les approches de la frontière. Grâce à ses forêts et à ses pâturages, la commune a d'abondantes ressources, c'est un trait à noter sur la carte municipale de la France. L'hôtel de ville se ressent de cette aisance ; de beaux blocs de granit blanc, de l'appareil le plus simple et le plus élégant, décorent sa façade. Mais l'église de la paroisse, œuvre des Templiers, attend toujours la réparation intelligente que projette son vénérable pasteur, et qui assortira le style des piliers, aujourd'hui carrés, à la première architecture de l'édifice. Un autel qui paraît fort vénéré, où siège une Vierge parée de voiles, porte une inscription singulière : *Sancta Maria de fenestris, ora pro nobis*. Il s'agit d'une dévotion locale. La Vierge de Fenêtre (*fenestra cœli*) n'a qu'une succursale à Saint-Martin. Le vrai sanctuaire, *la Madona*, est au sommet d'un cône ardu : on l'aperçoit distant à trois heures de marche du village. La chapelle, sans mérite architectural, renferme une statue en cèdre du Liban, grossièrement sculptée, et appartenant à ce type qu'on fait remonter arbitrairement à saint Luc. La pieuse image est gardée, pendant l'hiver, à Saint-Martin.

Pour accéder au sanctuaire, il faut passer la frontière ; il faut aller en Piémont, car le vallon de Notre-Dame de Fenêtre a été politiquement rattaché à la commune italienne d'Entraque, quoique la chapelle demeure sous la juridiction ecclésiastique de Saint-Martin. Ce bizarre et double rattachement fait du lieu de pèlerinage une zone neutralisée, un terrain de rencontre, où fraternise, le 15 août notamment, avec les Piémontais venus d'Airolo et des villes voisines, cette estimable population de Saint-Martin, que n'ont pas encore approchée et corrompue les coureurs de villes de saison.

Si l'on se risque sur les hauteurs avoisinantes, hauteurs où les orages se forment en un clin d'œil, on sera récompensé de sa peine et de ses périls par un spectacle presque sans pareil. Du sommet des Gelas, comme d'un belvédère naturel, le regard embrasse un champ immense. Il erre avec ravissement du dôme de Milan au Mont Cenis, du Mont Blanc au Mont Rose, du Viso au Cervin. Dans ces parages est un col qui mène en Italie et qui porte le nom de col de Fenestre. Il est toujours praticable à la fonte des neiges et permet d'approvisionner en gibier venu du Piémont les tables les plus exigeantes. Par des sentiers périlleux, on rencontre de loin en loin le piédestal déchaussé de monuments funéraires, dont les symboles ont été stupidement abattus au siècle dernier. Le voyageur pieux se signe devant ces jalons lugubres, qui transforment la route en un vrai chemin de croix.

Du côté de Valdieri, célèbre par ses bains, on reconnait les vestiges des routes que fit tracer Victor-Emmanuel, pour suivre facilement à cheval la trace du chamois. Ce roi chasseur chassa insidieusement de leurs États Pie IX, son Père dans la foi, et les souverains d'Italie, ses confrères. C'est ce que nous ne manquons pas de rappeler aux Italiens qui nous régalent, ici comme ailleurs, de l'éloge du roi *galantuomo*.

Il est temps de dételer. Les voies carrossables nous manquent pour aller plus loin. Nous sommes d'ailleurs au point où le souffle aussi fait défaut au conteur, l'attention à ceux qui l'écoutent. Nous n'irons pas à Sospel, nous n'irons pas à Coni, nous ne ramènerons pas le voyageur à la grande ligne du chemin fer, en passant par le col de Tende, par la Brigue et Vintimille. Cette tournée, qui est une promenade pour les membres du Club Alpin, ne rentre pas dans notre cadre. Nous voulions simplement faire à nos lecteurs les honneurs des nouveaux parcours que le railway ou la diligence leur offrent, dans un coin longtemps inexploré de la France méridionale.

Ce qui nous a déterminé à faire le trajet de Digne au pays niçard, ce sont moins les particularités du chemin, tout instructives qu'elles sont, que le coup de théâtre qui le termine. Pour rendre l'impression d'étonnement que donne ce saut brusque du Nord dans le Midi, cette transition soudaine de l'hiver à l'été, de la mort à la vie, il est un point de comparaison qui nous vient à l'esprit.

Lorsque, cheminant de Fréjus à Nice, vous vous engagez dans les derniers et mornes défilés de l'Estérel, au milieu de rochers incendiés que pare une maigre verdure, tout à coup vous pénétrez dans un tunnel, et vous voyez comme la toile se baisser sur ce paysage désolé, dont l'empreinte reste gravée sur la rétine de votre œil. Cinq minutes après, vous rouvrez la paupière ; c'est un éblouissement, une féerie, un rêve. C'est, dans le monde végétal, une prodigalité fantastique de rubis et d'émeraudes. C'est Cannes, apparaissant comme une divinité marine et montrant avec orgueil ses jardins babyloniens, ses villas mauresques, la courbe ravissante de la baie de la Napoule, une incroyable éruption de luxe et d'élégance.

La même surprise vous attend quand vous passez des Basses-Alpes dans les Alpes-Maritimes. La première région, manquant d'industrie, manquant de commerce, longtemps privée de voies rapides d'accès de Nice à la vallée de la Durance, semble une terre de malédiction, et ne sera peut-être bientôt que l'Arabie Pétrée de la France. La seconde région en est la Terre Promise. On dirait une exposition permanente des merveilles de la nature. Tous les sujets d'enchantement s'y trouvent réunis : la montagne et la plaine, le manteau ouaté et les éternels frimas des hautes cimes, contrastant avec la végétation des tropiques qui éclate à leur pied ; le rêve mélancolique et doux des horizons marins et la ténébreuse horreur des forêts druidiques ; une dentelle de rivages découpée par la morsure incessante du flot et, au-dessus de cette admirable guipure, un nimbe de lumière comme l'Orient africain en offre à peine à Tunis et à Alexandrie. Un jour, peut-être, nous pousserons plus loin nos excursions. Nous ne prenons pas congé du lecteur : espérons qu'il ne prendra pas congé de nous.

DE GRENOBLE
AU MONT GENÈVRE

22 juillet 1896.

Be it ever so humble, there's no place like home.
(John Howard Payne)
(Clari, the maid of Milan.)

I.

La romance a beau dire. Qui a voyagé voyagera. Cette fièvre de déplacement, cette soif d'émotions inédites, qui travaille notre génération, sera mon excuse, si je reprends l'alpenstock et le havre-sac et me lance derechef, en éclaireur, sur les routes qui accèdent à la Provence. Tous les ans, à l'époque où nous sommes, le Français, secouant son naturel casanier, aspire à changer sa douce vie contre cet état d'équilibre instable, contre ces banquettes rembourrées d'épingles, ces restaurants à cuisine toxique, ces hôtels mauvais et chers, ce régime de contrariétés ininterrompues, qui sont la définition même de la vie de voyage. Le fonctionnaire, serf du rond de cuir, qui reçoit son congé de vingt-neuf jours, l'homme du Palais asphyxié par la poussière des dossiers remués, dix mois durant, dans un entresol parisien, le bourgeois oisif lui-même, harcelé par la bande tracassière de ses collégiens en vacances, revêtent un complet gris, et, jetant leur casquette en l'air, demandent au vent qui souffle de quel côté diriger leurs pas.

Malgré la latitude, malgré l'ardent soleil, que tempèrent d'ailleurs l'air de la mer ou celui de la montagne, le Midi a souvent leur préférence. Depuis plusieurs années, ce beau pays, et en particulier la région des Alpes-Maritimes, subissent une nouvelle et lente invasion des peuples du Nord. L'élément indigène fond à vue d'œil et finira par disparaître. Une petite localité voisine d'Antibes, et que je connais bien, est devenue une colonie de Coni et de la Brigue. Les Italiens regardent l'annexion à leur pays comme chose achevée, en fait. — En hiver, l'accent parisien règne à Cannes, si bien que, sur le boulevard de la Croisette, on se croirait sur le boulevard des Italiens. Que sera-ce quand les routes que nous allons parcourir, entièrement sillonnées par le chemin de fer, mettront en communication rapide les Alpes dauphinoises et le pays de Nice ? Déjà plusieurs kilomètres de rails couvrent la voie internationale qui reliera Coni à Vintimille. Cette ligne, commencée depuis dix ans au moins, et qui est en activité seulement jusqu'à Limone (1), a été plusieurs fois interrompue, faute d'argent, peut-être aussi pour des raisons diplomatiques. Il n'y a pas plus de motifs cependant de fermer la frontière à Fontan et à Breil qu'il n'y en avait au Mont Cenis.

Un itinéraire non moins séduisant, et celui-là entièrement en terre de France, se trace en ce moment et provoque les premiers travaux de nivellement entre Sospel et Nice. Quand il sera

1. Depuis l'année 1898, elle aboutit à Tende.

achevé, la beauté helvétique de Peira-Cava et de l'Authion deviendra familière aux visiteurs du littoral, qui ne s'attendent pas à trouver, près des palmiers évasés de la Méditerranée, les sapins coniques de l'Engadine.

Nous nous sommes donné la primeur de ces pittoresques tournées avant qu'elles ne soient devenues banales. Les collectionneurs de faits historiques et de curiosités locales feront, dans les montagnes du Sud-Est, un voyage d'instruction autant que d'agrément. Et nous-même, peut-être, notre gerbe de souvenirs à la main, trouverons-nous, auprès du lecteur, quelque chose de l'accueil qu'assuraient jadis les coquilles nacrées aux pèlerins revenant de Compostelle.

II.

Dans le Sud-Est, les excursions alpestres ont pour point de départ naturellement indiqué Grenoble. Nous prendrons de là notre élan pour visiter les Hautes-Alpes.

Qu'on ne nous reproche pas d'élargir abusivement notre cadre ; qu'on ne dise pas que la Provence n'a rien à démêler avec ce département. Les Hautes-Alpes, quoique formées, en 1790, du démembrement du Dauphiné, appartiennent, à certains égards, à la Haute-Provence par leurs coutumes traditionnelles et leurs mœurs de famille (1). Avant 1789, elles suivaient le Droit romain, comme les Basses-Alpes, et la jurisprudence des deux Parlements, de Provence et du Dauphiné, offrait peu de traits

1. V^r Claudio Jannet, *Bulletin de la Société d'économie sociale*, février 1868, p. 358.

de différence (1). Jusqu'en 1513, le pays de Gap a fait partie de la terre provençale et il a partagé toutes ses destinées. Embrun fut, de bonne heure, métropole des Alpes-Maritimes, et il fit partie, comme Gap, des comtés de Provence et de Forcalquier. Pendant tout le XIe siècle, les comtes administrèrent leurs possessions de l'Embrunais comme celles du Gapençais par l'intermédiaire de vicomtes qui résidaient à Gap, autant vaut dire en Provence.

La Révolution a eu beau remanier la carte ; elle n'a pas détruit les affinités naturelles ni brisé entre compatriotes le vieux faisceau des traditions. Aujourd'hui encore, le prélat qui administre le diocèse d'Aix en Provence, prend le nom d'archevêque d'Aix, d'Arles et d'Embrun.

Nous nous trouverons donc à l'embarcadère du chemin de fer, à Grenoble. Le train nous déposera à proximité de Vizille. Nous suivrons, à peu près tout le temps, la route de voiture. Avec elle, nous longerons le Drac, nous côtoierons pendant huit kilomètres le cours Saint-André. Ce boulevard étale jusqu'au Pont de Claix quatre magnifiques rangées de platanes, d'ormes, d'érables, bordées d'eau courante, et ouvrant à travers les éclaircies de leur feuillage des perspectives grandioses sur la chaîne de Belledonne, sur celle du Moucherotte et sur le massif de la Chartreuse. Cette royale avenue rappelle assez les célèbres *Allées* du Prado, à Marseille, et ce long ruban de route, mélancolique et solitaire, qui conduit de Ravenne à l'ancienne Pineta. Je dis l'ancienne, car le

---

1. La lettre de représentation adressée à Louis XVI par la municipalité de Grenoble, le 2 juillet 1788 (V. *infra*, p. 149), porte que, en Dauphiné, ‹ les principes du Droit romain ont conservé la franchise des terres et celle des personnes. ›

magnifique fourré, qui était aussi un immense magasin de résine, s'est un jour allumé comme un flambeau. Dans ces dernières années, la forêt n'était plus que l'ombre d'elle-même. A l'incendie s'était ajouté le cruel hiver de 1880. Le froid et le feu ont également conspiré à la détruire.

Le cours Saint-André rivaliserait, pour le charme, avec les deux belles promenades riveraines de la Méditerranée et de l'Adriatique, mais il lui manquera toujours l'avantage d'avoir une porte sur la mer.

Arrivé à la gare de Jarrie-Vizille, que mettent à profit, comme l'indique ce nom composé, deux communes, nous montons dans un tramway à vapeur, dû à l'intelligente initiative de la Société des Voies ferrées du Dauphiné. Il est livré aux voyageurs depuis l'été de 1894.

Ce railway à voie étroite, qui sera prolongé un jour, et qui reliera Briançon à Grenoble et la vallée de la Durance à celle de l'Isère, touche à Vizille, après trois kilomètres de parcours. Sans nous arrêter, nous pourrons gagner notre premier gîte d'étape, le Bourg d'Oisans, point terminus actuel de la ligne.

Sans nous arrêter, ai-je dit... Descendons plutôt. Nous devons au lecteur, nous nous devons à nous-même, de faire escale, ne serait-ce que quelques minutes, à Vizille.

Je n'avais plu revu, depuis 1863, temps de ma prime jeunesse, le village qui fait, pour une foule de promeneurs, le charme des dimanches grenoblois. A plus de trente ans d'intervalle, je retrouve debout, dans sa majesté un peu froide, avec ses tourelles d'angle, son beffroi, son fronton orné de la statue de Lesdiguières, avec son escalier à double rampe, sa pièce d'eau, ses futaies séculaires, avec cet aspect pseudo-féodal que lui donne son architecture Louis XIII, la résidence élevée, en 1611, à côté du château primitif des Dauphins du Viennois. On sait comment, après avoir passé dans la famille de Villeroi, elle finit par appartenir à la dynastie financière des Périer. Claude Périer, l'ancêtre, était industriel à Grenoble. Il acheta le château, en 1775, et y établit une fabrique de papiers peints, industrie aujourd'hui démodée, même pour les hôtels, où l'hygiène moderne préconise les murs nus, mais industrie qui a enrichi le département de l'Isère et dans laquelle il garde encore le premier rang.

Le petit-fils de Claude Périer, le père de l'éphémère président de notre troisième République, nous reçut, en 1863, dans le château rendu à une destination plus digne de lui. Nous étions là quelques voyageurs venus de loin ; dans le nombre, un écrivain politique dont le nom est resté cher aux lecteurs du *Correspondant*, M. Léopold de Gaillard, et deux des représentants les plus considérés de la presse légitimiste du Midi : MM. Eugène Roux et Henri Olive. Nous étions attirés par un procès politique, que devait animer et grandir la parole de Berryer. L'incomparable orateur, que nous avions vu, avant l'audience, soucieux, inquiet, selon son habitude, du langage qu'il devait tenir, de la disposition des juges, des hasards redoutables de l'improvisation, jouissait, le lendemain, bien modestement, de son triomphe. Promené par ses hôtes dans un élégant landau, le long des spacieuses allées du parc, il recevait, d'un front rougissant, dans la tenue et avec la simplicité d'un propriétaire campagnard, les compliments que les nouveaux venus se croyaient obligés de lui offrir. En face de lui, je remarquai la physionomie énergique, le profil anguleux, le visage en lame de rasoir d'un homme âgé. C'était le frère de l'ancien ministre de Louis-Philippe, dont je crus voir revivre les traits, popularisés par la gravure.

Mais que valent ces souvenirs privés auprès des grandes scènes de l'histoire que rappelle le passé de Vizille ? Le berceau de la Révolution française est ici. D'ici partit un mouvement qui dépassa et trompa promptement les prévisions de ses auteurs. Reprenons les choses d'un peu haut.

Le Dauphiné était un pays d'Etats, mais les Etats ne s'étaient plus assemblés depuis 1628. Par la volonté de Richelieu, des Élections y avaient été établies, tribunaux jugeant en première instance les questions de tailles, d'aides, de gabelles. Dans les pays d'Élections (les mots ont leur ironie), la province n'élisait pas les représentants chargés de fixer les contributions, mais seulement les répartiteurs et les percepteurs. « La différence entre les pays d'Etats et les pays d'Élections, disait Guy Coquille au seizième siècle, c'est que les uns ont conservé leur droit et que les autres l'ont laissé perdre. »

Cependant la royauté songeait à combler le déficit creusé par l'anarchie financière qui marqua les dernières années du règne de Louis XV. Après divers essais infructueux, une imprudente convocation des Notables eut lieu, le 22 février 1787 ; elle fut suivie du départ de Calonne, mais, ce résultat à part, ne fit qu'aggraver le mal et surexciter les esprits.

Quand furent rendus les édits fameux relatifs au timbre et à la subvention territoriale, édits qui modifiaient de fond en comble l'organisation financière, le Parlement de Paris mécontent proclama la crise, protesta contre les nouvelles taxes et réclama d'urgence la convocation des

Etats généraux. Le Parlement de Grenoble, qui aspira toujours, comme les diverses cours de France, à remplacer les Etats provinciaux, et à se faire juge en matière d'impôts, éleva aussi ses protestations. Il donnait une preuve nouvelle de l'étroite solidarité qui unissait les Corps parlementaires. L'opinion, il faut le dire, était complice de leurs prétentions.

Dans des remontrances menaçantes, le Parlement revenait sur un avis qu'il avait émis douze ans auparavant, et qui était défavorable à la forme traditionnelle des *Etats provinciaux*, forme féconde en dissensions et en luttes d'amour-propre. A l'heure présente, il défendait d'exécuter le sage édit de septembre 1787, qui organisait l'*Assemblée provinciale*, destinée à prendre la place des anciens *Etats*, et où le vote devait être recueilli par têtes, et non plus par ordres, où, d'autre part, le Tiers recevait autant de voix que la Noblesse et le Clergé réunis.

Dès le début de l'année 1788, deux lettres de cachet répondirent à cette manifestation judiciaire ou plutôt politique. Elles mandaient, à la suite de la Cour, pour rendre compte des actes de leur Corps, le président d'Ornacieux et le conseiller de Meyrieu, deux magistrats qu'on soupçonnait d'inspirer leurs collègues, et dont l'attitude avait particulièrement déplu lors du coup d'État de Maupeou.

Le Parlement, s'enhardissant dans la résistance, réclama, toutes Chambres réunies, contre la rigueur qui le privait de deux de ses membres. Cette résistance trouva de l'appui au dehors et elle se généralisa en France d'une façon inquiétante.

Le principal ministre, qui était en même temps archevêque de Toulouse, Loménie de

Brienne, homme d'Église et homme d'État également médiocre, songea à briser l'insurrection parlementaire. Un lit de justice fut tenu, le 8 mai 1788, à Versailles. On allait renouveler l'expérience de 1768.

L'enregistrement fut ordonné de six lois dont l'objet était divers, mais qui, entre autres choses, créaient de grands bailliages, institution excellente en soi, mais que les passions du moment firent méconnaître, réduisaient le Parlement de Paris à une Grand'chambre et à une Chambre des enquêtes, enfin établissaient une cour plénière, pour exercer seule le droit d'enregistrement et le contrôle législatif. Celle-ci, composée d'hommes choisis par le roi, tint sa première séance dès le lendemain. Quant au Parlement du Dauphiné, des lettres patentes du 1er mai cassaient l'arrêt qui avait prescrit les remontrances relatives à l'Assemblée provinciale. Il y a plus : le 10 du même mois, veille de la Pentecôte, le roi faisait, à main armée, enregistrer les édits qui frappaient le Parlement.

Ces mesures ne firent qu'exaspérer ler opposants. Les magistrats de Grenoble avaient, dès la veille, déclaré traître à la patrie quiconque siégerait dans les nouveaux tribunaux. Ils estimaient qu'une atteinte profonde avait été portée à leurs droits quatre fois séculaires, et, malgré leur suspension légale, ils persistèrent à se réunir.

Le dernier mot devait appartenir à la royauté. Le lieutenant-général de la province, le duc de Clermont-Tonnerre, fit, le 7 juin 1788, remettre aux magistrats, de la main de ses officiers, des lettres de cachet qu'il tenait en réserve, et qui leur enjoignaient de s'exiler dans leurs terres.

On avait compté sans le peuple ou ce qu'on

est convenu, dans les révolutions, d'appeler ainsi.

La foule, mal contenue par les loyales exhortations du premier président, M. de Bérulle, prit le parti des gens de justice. Le tocsin sonna, l'émeute commença à gronder. Un citoyen ayant été tué par les soldats, l'hôtel du duc fut assailli et pillé. La légende ajoute que le duc lui-même fut menacé d'être pendu haut et court au lustre de son salon, s'il ne révoquait les lettres de cachet. En réalité, ses sympathies connues pour la population protégeaient sa personne. Il avait prescrit, dès le début, de retirer les cartouches. Il prit sur lui de surseoir à l'exécution des ordres venus de Versailles. Mais déjà, pour arrêter la troupe, les émeutiers avaient arraché et jeté sur elle la couverture des toits. D'où le nom de *Journée des tuiles*, qui est restée à cette échauffourée digne de la Fronde. Sous ces projectiles vulgaires, un sergent-major d'avenir au régiment de Royal-la-Marine, Bernadotte, qui, depuis, échappa tant de fois aux balles, faillit, ce jour-là, trouver la mort (1).

Un précédent grave venait d'être posé : la capitulation du pouvoir devant les sommations de la rue. Les conseillers le comprirent. Dans la nuit du 12 au 13 juin, quand cessa la surveillance de la milice bourgeoise qui les avait retenus, ils quittèrent la ville et se rendirent individuellement au lieu de leur exil.

Avec le Parlement, Grenoble crut voir toutes ses libertés disparaître. Le corps municipal convoqua, pour le 14 juin, une assemblée de Notables. Un homme était désigné pour la diriger, Mounier, juge royal, qui, en cette qualité,

1. V^r sur l'ensemble de ces événements : *MM. ae Bérulle et le Parlement de Grenoble de 1760 à 1790*, discours de rentrée prononcé par M. Piollet, p. 52 et s., Grenoble, 1888.

siégeait alternativement avec le juge épiscopal ; car la seigneurie de Grenoble était, depuis 950, époque du comte Guignes, partagée entre l'évêque et le chef du pouvoir civil (1). Mounier a plutôt joué un rôle modérateur et il a constamment prêché le respect de la légalité. Plus tard, en 1793, ce fut le même homme qui, jouissant d'une parfaite sécurité en Suisse, demanda, comme plusieurs citoyens généreux (2), un sauf-conduit pour venir défendre Louis XVI à la barre de la Convention. A ce moment, la Révolution était moins avancée. On rédigea, en termes humbles d'ailleurs, une adresse au roi, le suppliant de rappeler le Parlement et de rendre au Dauphiné ses anciens Etats.

En même temps les Notables, estimant que le pacte d'union du Dauphiné à la couronne avait été violé, provoquaient les députés des trois Ordres de la province à se réunir soixante-dix jours plus tard, si, dans l'intervalle, ils n'étaient convoqués par un acte du gouvernement. Pour cette réunion, le corps municipal de Grenoble faisait appel à toutes les villes et communautés dauphinoises, pensant reprendre ainsi les errements libéraux du temps passé. Cet appel reçut un favorable accueil.

Le ministère eut peur. MM. de Mayen et Revol, premier et second consuls de Grenoble, particulièrement chargés de la police, furent pris en quelque sorte pour otages et déclarés responsables des troubles qui s'étaient produits en juin. Ils furent mandés par deux lettres de cachet.

Le conseil général de la ville, préoccupé du

1. Pareil fait était général en Dauphiné. V^r l'intendant Fontanieu, *Cartul. du Dauphiné*, t. I, an 1343.

2. L'énumération en a été donnée dans le livre émouvant de M. Biré : *Les défenseurs de Louis XVI*. Lyon, Vitte, 1896.

sort de ses chefs, se réunit de nouveau, en s'adjoignant les citoyens les plus considérables. Le 2 juillet, dans une nouvelle délibération, il arrêta les dates et fixa au 21 du même mois l'assemblée générale, dont le principe avait été décrété le 14 juin. Une nouvelle supplique fut envoyée au roi : Mounier était un des trois rédacteurs.

Ces délibérations purement grenobloises avaient été accompagnées d'une autre, d'un caractère moins local. Comme les barons anglais stipulant la Grande Charte, les gentilshommes de la province avaient voulu faire sentir le poids de leur intervention. Ils avaient envoyé une délégation à Versailles et, sur l'accueil encourageant qu'elle avait reçu du roi, ils projetaient un plan d'organisation des États. Quand le gouvernement annonça sa volonté de maintenir les édits de mai, ils protestèrent avec énergie auprès de l'intendant, et convoquèrent individuellement les membres de leur Ordre à l'assemblée générale du 21 (1).

On promit, sincèrement d'ailleurs, au nom du roi, mais en même temps, par précaution, on faisait avancer des forces sous les ordres d'un brave, octogénaire et malade, mais renommé pour sa rigueur, le maréchal de Vaux. Le duc de Tonnerre, suspect de faiblesse, dut remettre le commandement au nouveau venu.

Celui-ci arriva le 15 juillet ; six jours plus tard devait se tenir la grande assemblée. Tandis que, après l'avoir autorisée, le gouvernement de Paris

1. Dans un sûr et judicieux ouvrage, *Les Assemblées de Vizille et de Romans durant l'année 1788*, p. 155, M. J. A. Félix Faure mentionne une lettre du marquis de Monteynard qui annonce, sur bonnes informations, la prochaine réunion des États de la province.

s'était comme ravisé et avait demandé à de Vaux de l'empêcher, celui-ci, agissant plus politiquement qu'on ne l'aurait cru, prit sur lui de la permettre. Il exigea seulement que les députés dépouillassent la cocarde aurore et azur, emblème aux couleurs de la province, qu'avaient arboré les patriotes les plus exaltés.

Le 21 juillet 1788, entre une double haie de soldats, les trois Ordres franchissaient le seuil du château de Vizille. Claude Périer leur avait offert l'hospitalité et ils l'avaient acceptée, ne s'estimant pas en sûreté, dit-on, à Grenoble, sous l'épée nue de la garnison en éveil. La vérité est que de Vaux exigea qu'on s'éloignât de la ville et exclut comme lieu de réunion le couvent des Minimes, où l'on devait se lier par un serment théâtral, sur la tombe de Bayard.

Les détails de cette réunion ont été souvent dépeints, par M. Hippolyte Gautier notamment (1). Les députés étaient partis de Grenoble avec la solennité d'une procession de nuit. Une foule immense les accompagnait, à la lueur des torches et sous l'éclair des baïonnettes, leur noire silhouette se projetant sur le sol et paraissant doubler leur nombre. De tous côtés partaient des acclamations qui réveillaient la gent ailée, hôte paisible des bois et des montagnes (2).

Lorsque, à huit heures du matin, les représentants se disposèrent à prendre séance, ils trouvèrent, dans l'avenue du château, des troupes, placées pour les protéger, prétendit-on. Ils feignirent d'y voir une garde d'honneur. Le local des délibérations, que l'on a pompeusement qualifié de

1. *L'An 1789*, p. 248.
2. M. J. A. Félix Faure se borne à dire (p. 168), en citant un document manuscrit, que l'assemblée de Vizille avait attiré, de Grenoble, une foule de curieux.

Forum de la liberté dauphinoise, est aujourd'hui disparu. Il portait le nom de *Salle du Jeu de Paume.* Image prophétique de cette autre enceinte qui devait, le vingt juin de l'année d'après, à Versailles, entendre l'audacieux défi que le Tiers-État porta au pouvoir royal !

L'assemblée de Vizille était présidée par le comte de Morges, représentant considéré d'une famille anoblie par la robe. Mais deux figures dominent la réunion : Mounier, secrétaire général, avec son flegme et son idéologie britanniques ; à côté de lui Barnave, physionomie agitée, que rend à merveille un buste conservé au musée de Grenoble, Barnave, tribun à l'âme ardente, à la parole que rappela plus tard, avec moins d'énergie, le talent enchanteur de Martignac. Avocat à Grenoble, à peine âgé de vingt ans, il épousa avec emportement les passions de la Révolution à son début, en attendant que les vertus de la famille royale et le retour de Varennes vinssent toucher son cœur et dessiller ses yeux. Il fut l'orateur de la réunion dont Mounier était le métaphysicien politique.

Les représentants, au nombre de cinq cent quarante, siégèrent sans distinction de rang et sans observation de préséance, le procès-verbal rédigé par Mounier en fait foi. Ils se retirèrent à une heure avancée de la nuit. Une protestation fut dressée contre les mesures prises par le ministère. On demanda le rappel des Parlements, la réintégration des consuls ; on prit l'arrêté suivant : *Les trois Ordres..., prêts à tous les sacrifices que pourraient exiger la sûreté et la gloire du trône, n'octroieront les impôts par don gratuit* (allusion aux sommes bénévolement allouées, dans les pays d'États) *ou autrement que lorsque leurs représentants en auront délibéré dans les États généraux du royaume.* Son programme rempli, l'assemblée se sépara. Mais en même temps, elle s'ajournait au 1er septembre.

De son côté, le prélat-ministre, qui voulait faire échec à l'assemblée de Vizille, obtenait, dès le 5 juillet, un arrêt du Conseil annonçant les États généraux. Cette promesse fut renouvelée dans un second arrêt, du 8 août, qui suspendait la cour plénière, mais maintenait les grands bailliages. Le rappel des cours de justice était toujours refusé. Quand aux États provinciaux, le 2 août, la tenue en avait été autorisée, mais avec des modifications de forme. La date et le lieu étaient aussi changés. Ils devaient se réunir le 29 août, à Romans, assez loin de Grenoble.

La municipalité grenobloise, dans une séance ouverte à tous, la Noblesse ensuite, dans une délibération séparée, protestèrent contre cette décision qui méconnaissait les arrêtés de Vizille et entendait régler les choses à nouveau. Le 29 août, dès le matin, Grenoble fut occupée militairement, et le bruit se répandit qu'on allait arrêter Mounier, le comte de Morges et quelques-uns des principaux chefs du mouvement. Les habitants se préparèrent ostensiblement à la résistance. Les pamphlets les plus injurieux, les couplets satiriques firent rage contre M. de Brienne.

Mais la position du ministère était de plus en plus compromise. Le 16 août, l'état du Trésor l'avait obligé à suspendre les paiements. Les hommes dont on désirait surtout le départ se retirèrent, Brienne, le 24 août, le garde des sceaux, M. de Lamoignon, deux mois plus tard; Necker allait prendre la direction générale des finances.

Les premières nouvelles parvinrent à Grenoble le 29, peu après que l'autorité militaire venait de prendre des dispositions menaçantes. La garnison rentra aussitôt dans ses quartiers. La ville éclata en manifestations d'allégresse. Les illuminations et les réjouissances fêtèrent la chute des ministres, comme on aurait salué l'expulsion d'un ennemi public.

Or, Lamoignon, pour ne citer que lui, avait manifesté le plus noble zèle pour réformer les abus de la justice. La magistrature lui gardait rigueur pour plusieurs raisons, et en particulier parce qu'il avait voulu toucher aux *épices*. Peut-être fût-il le martyr de ses idées, car on le trouva mortellement atteint d'un coup de feu, quelques mois plus tard, dans sa demeure héréditaire de Chaville.

Le 10 septembre (la date de la réunion avait été de nouveau changée), les trois Ordres se rendaient à Romans, avec la permission du gouvernement. Le 22 octobre, le Conseil du roi homologuait, avec de légers changements, leurs délibérations. Le Dauphiné devint le point de mire et le régulateur de la France. Diverses provinces demandèrent des Etats conformes aux siens.

De son côté, le malheureux Louis XVI, qui avait, par un édit du 22 octobre 1774, rappelé les magistrats chassés par Maupeou, et qui s'estimait payé d'ingratitude, Louis XVI, voyant échouer tous ses efforts pour réorganiser le pays, fit appel au pays lui-même. Une déclaration du 23 septembre 1788 annonça la convocation des Etats-Généraux pour le mois de janvier suivant. Tous les Parlements reçurent avis de revenir. Les édits de mai étaient retirés, sauf pour les réformes de droit criminel commandées par des raisons d'humanité.

A Grenoble, M. de Bérulle, ramené des environs de Lyon, fit, le 12 octobre, une rentrée triomphale. Hélas! il devait bientôt éprouver le retour de la popularité. Peu d'années ne s'étaient pas écoulées depuis son rétablissement sur son siège, qu'un autre piédestal lui était dressé par des citoyens dont il ne modérait plus l'ardeur démocratique. Le 6 thermidor, trois jours avant la chute de Robespierre, il montait sur l'échafaud de la Terreur, et beaucoup de ses collègues l'avaient déjà précédé sur la fatale planche. Dès le mois de juillet 1789, par une suite de l'agitation révolutionnaire que causa la prise de la Bastille, MM. d'Ornacieux et de Meyrieu avaient subi la dévastation et l'incendie de leurs propriétés (1).

Les plumes les moins prévenues contre nos vieux parlementaires l'ont noté (2). Quels que fussent leurs mérites professionnels et parfois leurs vertus domestiques, les Corps de magistrature, au XVIIIe siècle, ne comprirent pas leur rôle, qui était de marcher avec leur temps. Le Parlement du Dauphiné ne sut même pas appliquer exactement la sage ordonnance d'août 1670, qui corrigeait les abus du huis-clos et de la torture. Comme celui de Paris, il s'opposa à la liberté de l'industrie. Rétrogrades et en même temps remuantes et frondeuses, les cours de justice firent opposition à la royauté pour défendre leurs privilèges, sous couleur de bien public. Elles demandèrent main-forte au parti populaire, et cet allié dangereux, qui les aida à triompher, les broya après la victoire. Leur conduite fut, à l'égard de l'Eglise, marquée de

1. V^r J. A. Félix Faure, p. 46, note 1.
2. V^r Emile Berger: *Le Parlement du Dauphiné*, p. 100, discours de rentrée prononcé à la cour de Grenoble, le 3 novembre 1869.

la même imprévoyance qu'à l'égard de la royauté. Elles avaient fait à l'autorité spirituelle une guerre sourde et sotte. Elles ne lui avaient ménagé aucun affront et aucune tracasserie. Le Parlement de Grenoble prétendit régler le nombre des vocations religieuses et les conditions d'entrée dans les monastères. Le Parlement de Paris ordonna au bourreau de brûler les mandements des évêques et il fit, par arrêt, administrer les sacrements aux *fidèles* qui rejetaient les bulles pontificales. En se substituant au Pape, en se faisant sans qualité, souvent même sans croyances chrétiennes, juges des choses de la foi, quel fruit les magistrats pouvaient-ils recueillir de leur outrecuidance ? Le pouvoir civil, qu'ils avaient grisé du sentiment de son omnipotence, s'affranchit de tous ménagements envers eux, comme il avait abusé de sa force à l'égard de Rome.

Bien avant la Révolution, avant le décret du 7 novembre 1790, qui supprima les Parlements, comme une garantie désormais inutile contre l'absolutisme royal, avant la fermeture des Palais de justice, opérée par des officiers municipaux qui y apposèrent les scellés, le chancelier Maupeou en avait librement usé avec les représentants de la justice. En 1771, il les avait traités aussi cavalièrement que ceux-ci avaient traité les défenseurs de la bulle *Unigenitus*, que le sultan Louis XIV avait traité Innocent XI, quand, après avoir humilié le Pape, il élevait, dans Rome, une pyramide qui continuait, aggravait et solennisait cet affront.

« Il y a toujours du passé dans le présent, a dit admirablement Lamartine, et les embarras, les impossibilités d'une époque ne sont que trop souvent les conséquences et les expiations d'une autre (1). » C'est la leçon de l'histoire ; ne perdons pas une occasion de la faire ressortir. La France révolutionnaire nous fournit bien d'autres enseignements de ce genre. Quand Malesherbes, ancien directeur de la librairie, qui avait encouragé tant d'écrits délétères et favorisé, dit-on, la publication de l'Encyclopédie, quand ce royaliste égaré apprit, de l'abbé de Firmont, l'ignominieuse et glorieuse mort du roi-martyr, il éclata en imprécations contre la philosophie du XVIIIe siècle, qu'il accusait des maux dont il était témoin. Il devait lui-même être une victime expiatoire des passions impies qu'il avait contribué à déchaîner. Il devait courber sous le couperet sa tête septuagénaire, cette tête qui avait cessé de s'incliner devant le Dieu de son jeune âge et qu'avait fait tourner le vertige philosophique de son temps.

Les scènes émouvantes de 1788 rejettent dans l'ombre les autres faits de l'histoire de Vizille. Pourtant elle conserve le souvenir de deux hôtes illustres, qui la traversèrent quelques années plus tard.

L'un était un prisonnier ceint de la tiare, vieillard octogénaire et presque expirant, que le Directoire, toujours noble dans ses procédés, avait, en 1798, fait dépouiller de ses objets d'art et de ses livres par un calviniste suisse, commerçant failli, Haller, en attendant qu'on lui signifiât de quitter Rome, le 20 février, par une nuit d'orage, avant le lever du jour. Après une longue et cruelle odyssée, il s'arrêtait au château de Vizille, le 5 juillet 1799, et il y passait un jour et une nuit.

1. Discours contre les lois de septembre, *Journ. des villes et des camp.*, 22 août 1835.

Un témoin des événements donne le récit de ce séjour.

« Le Pape fut logé dans un château dont la dame était accourue de Grenoble, pour le recevoir avec l'empressement et le respect dus au chef de l'Eglise. — Le locataire de ce château était un Génevois à la tête d'une riche manufacture de toiles. Cet homme parut pénétré de vénération à la vue du pontife ; il ne cessait d'admirer la majesté et la fermeté répandues sur son visage. Quand le peuple en foule vint rendre ses hommages au Pape et lui baiser les pieds, il fut invité à s'approcher comme les autres, mais il répondit : « Je ne puis point avoir cet honneur. » C'était un protestant qui, dans cette occasion, se montra supérieur aux préjugés de sa secte... (1). »

Cette simple chronique, composée, comme le livre entier, sur des mémoires authentiques, serait tout à l'honneur d'Augustin Périer, fils et successeur de Claude, s'il s'agissait de lui ; mais la supposition est inadmissible, le châtelain étant représenté comme simple locataire et comme calviniste (2). Quel qu'il soit, sa noble conduite rendit moins rude le calvaire que, à l'exemple du divin Maître, Jean-Ange Braschi eut à gravir.

Une fois rendu à Valence, privé, paraît-il, de ses meubles personnels, de son écrin et même de son bâton de vieillesse, il vécut grâce aux secours du roi d'Espagne et, sur ce don de la charité, il trouva moyen d'exercer la charité lui-même, en assistant les pauvres de l'hospice,

---

1. *Histoire civile, politique et religieuse* de Pie VI, t. III, p. 109. Paris, 1891. Cf. le récit tout à fait analogue de Mlle de Franclieu, *Pie VI dans les prisons du Dauphiné*, 2e éd., p. 85, Montreuil-sur-Mer. Impr. N.-D. des Prés, 1842.

2. Baldassari, trad. par l'abbé de Lacouture (Paris, 1839), parle, à la p. 496, des *propriétaires* du château, qui vinrent aussi, de Grenoble, recevoir l'auguste captif.

que leur gouvernement laissait manquer de tout.

Le second hôte de Vizille fut un conquérant en quête d'une couronne perdue. Quand l'exilé de l'île d'Elbe revint jouer contre l'Europe, contre le bon sens et la patrie, cette partie qui était perdue d'avance et qui devait aboutir à Waterloo, il passa par Vizille, accompagné des défectionnaires du 5ᵉ de ligne, qu'un mot de leur ancien général et peut-être certaines menées ténébreuses avaient, à Laffrey, déterminés à grossir les rangs de sa garde (1). On serait tenté de sourire, si le sujet était moins navrant, des cris qui saluèrent le retour du despote : « La liberté est née à Vizille en 1788, criait-on, elle renaît aujourd'hui. »

Les mécontents qui devaient, un peu plus tard, s'associer au complot de Didier, une foule de gens du pays et, en particulier, une bouillante jeunesse accourue à cheval, faisaient escorte au conquérant (2). L'enthousiasme déborda quand il entra dans Grenoble, dont le peuple ne se contenta pas de lui ouvrir les portes, mais vint lui en offrir les ferrures et les débris. Hélas! un réveil douloureux succéda à cette folle ivresse. Ce n'est pas la liberté, mais la guerre, qu'une féroce ambition apportait dans les plis du manteau impérial, la guerre inévitablement suivie de la défaite, de l'occupation étrangère, de la ruine et du morcellement de notre pays.

La saveur révolutionnaire qu'ont les événe-

---

1. Poujoulat, *Histoire de France depuis 1814*, t. I, p. 150, donne une anecdote qui montre la faveur avec laquelle la franc-maçonnerie accueillit l'empereur.

2. Vʳ *Cinq mois de l'Histoire de France*, par M. Regnault de Warin, p. 99. Paris, 1815. — *Voyage en France : Bas-Dauphiné*, par Ardouin-Dumazet, p. 125. — *Napoléon à Grenoble et à Lyon* (extrait de : *1815*, par Henri Houssaye), p. 61, Henri Gautier éd.

ments de 1788, l'encouragement que partout ils donnèrent aux ambitieux (1), les atteintes que subit à cette occasion le respect de l'autorité, recommandaient ces souvenirs, plus que les calmes et pacifiques arrêtés de Vizille, à la sympathie des dépositaires de l'autorité à l'heure présente. Le 21 juillet 1888, le président de la République alors en fonctions, M. Carnot, invité par celui-là même qui devait le remplacer au premier poste de l'Etat, descendait au château de Vizille et honorait de sa présence, silencieusement décorative, l'inauguration d'un monument dit du Centenaire. Ce monument, élevé sur un terre-plein voisin du parc, porte une statue en marbre, l'*Immortalité*, due à un habile sculpteur grenoblois, M. Ding. Sur le socle est une inscription que nous nous excusons de n'avoir pas lue, de n'avoir même pas eu la curiosité de lire, pendant que le train défilait devant elle. Nous sommes trop familiarisé avec ce genre de littérature pour ne pas avoir deviné ce que nous ne déchiffrions pas (2).

Vizille, dont le banquet humoristique des hommes pesant cent kilogrammes troublait naguère le silence et égayait la chronique assez terne, a peu de choses récentes à nous conter. C'est un village industriel, occupé surtout par des soieries, et qui ne mérite pas une longue inspection. A l'heure tardive où nous sommes, le calme est tel qu'on croirait la population faite à l'image des sourdes-muettes dont l'école se dresse à deux pas de nous, dirigée par les Sœurs de la Providence.

1. V^r ce que disent sur ce point les *Considérations sur l'état de la France*, publiées en 1789, in-8°, Paris.
2. En 1897, un autre monument, dit des *Trois Ordres du Dauphiné*, a été inauguré à Grenoble.

Le petit chemin de fer qui nous conduit au Bourg-d'Oisans se croise, au Péage, avec une longue file, une grise et bruyante *théorie* d'ouvrières qui sortent, leur journée finie, d'une grande usine de tissage. Plusieurs retournent, chaque soir, à Grenoble. D'autres grossissent la population flottante de Vizille, qui ne peut faire fi d'aucun appoint, car elle ne se monte guère à plus de quatre mille habitants.

III

Les considérations économiques pâliront d'intérêt à mesure que nous entrerons en contact avec les merveilles alpestres. Après avoir longé, pendant plus de deux kilomètres, les murailles du parc, nous verrons s'accentuer de plus en plus le caractère pastoral du paysage. Devant nous, se succèdent, aussi rapidement que les poteaux télégraphiques, de beaux noyers, donnant des fruits de primeur. Le sol verdoie, et il se bosselle d'accidents de terrain pittoresques. La Romanche, descendue d'un énorme bassin glaciaire, roule des eaux salies de schistes et se morfond en écumant dans le lit resserré qui l'emprisonne. Ses bords, relevés en talus, sont tendus d'un noir rideau de sapins et d'épiceas. A l'allure d'un train omnibus, la locomotive s'engage dans l'unique rue de villages d'importance minime. Aucune barrière ne défend ses approches, et pourtant, autour de la voie, grouille un peuple de marmots, dont quelques-uns se tiennent à peine sur leurs jambes. Dans le trajet que nous ferons demain, nous serons assaillis par de nouvelles légions de gamins et de fillettes. Ils se lanceront à notre poursuite, nous offrant ou, sur notre refus, nous jetant des saxifrages et surtout des bouquets de lavande, cette plante de montagne dont les ménagères embaument volontiers leurs tiroirs. Submergés par ce flot de végétation, nous en fleurirons nos boutonnières, nous en passerons au cordon de nos chapeaux, nous pourrions presque nous tailler une tunique végétale à faire envie à Robinson Crusoé, ne nous doutant d'ailleurs pas que cette parure plairait aux habitants de Briançon, qui fabriquent l'essence de lavande dans plusieurs distilleries.

La nuit approche et la saison, qui est pluvieuse, avance encore le déclin du jour. Les falaises montagneuses croissent graduellement de hauteur, comme en suivant une progression mathématique. En même temps leurs parois se rapprochent et nous serrent dans un énorme étau, image d'autant plus frappante que plusieurs des saillies rocheuses affectent la forme d'une dent. Les pentes, disposées comme les plans inclinés des machines de guerre, nous menacent de la chute de blocs noirs, qui vacillent à leur sommet. La montagne pend au-dessus de nos têtes. Pour le moment les sapinières suffisent à la retenir. Mais gare la saison des avalanches ! Un viaduc, dit Pont de l'Aveynat, a été construit, en 1868, à la suite d'un de ces cataclysmes, d'un écroulement venu de la Vaudaine voisine, qui refoula les eaux du fleuve et inonda la route carrossable. Pour se mettre à couvert, la voie changea de bord, elle passa de droite à gauche. En politique, beaucoup de gens en ont fait autant.

De tous côtés apparaissent des ravins creusés par les torrents. A côté des barrages accidentels gisent des troncs d'arbres, intentionnellement jetés en travers du lit de la rivière. Ils secondent des canaux de dérivation et déterminent un courant d'eau rapide et féconde, qui fait marcher les usines et arrose la campagne dauphinoise. Nul doute que l'on ne pousse bientôt à ses dernières limites l'emploi de la force mécanique des fleuves. L'industrie humaine, qui a discipliné l'étincelle électrique et converti les poisons en remèdes, transformera aussi la puissance destructive des torrents en instrument de bien-être et de progrès.

Nous avons passé par le hameau de l'Isle, dépendance de Séchilienne, joli village dont le décor champêtre se marie à un monument d'architecture, un château garni de tours.

L'obscurité ne nous permet pas de contempler et d'admirer une vallée fraîche comme la Suisse, la poétique gorge de Livet. On distingue à peine le déversoir de la Grande-Vaudaine. De ci de là, quelques échappées de vue sur les glaciers des Grandes-Rousses, et, plus loin, sur le glacier du Mont-de-Lans, le plus considérable du Dauphiné. Nous renonçons à apercevoir de jolies cascades, dont nous entendons la voix cristalline, et qu'encadrent des rochers de mélodrame, couverts de l'ombre opaque des noyers et des châtaigniers. Deux torrents jaillissent des deux côtés de la voie, la coupant souvent par des crues subites, et prenant le passant entre deux feux, ou, pour mieux dire, entre deux eaux.

...La peste soit des voyages de nuit ! Pareil à un aveugle que l'on conduirait au spectacle de Dioramas, nous entendons nommer, sans l'apercevoir, un village réputé pour ses hauts-fourneaux, et qui envoie, de sa fabrique de papiers, un rayon électrique égayer notre immobilité noire. C'est Rioupeyrous, — ruisseau pierreux (et non périlleux, comme on le dit souvent). Voyageurs, rassurez-vous..., vous du moins qui entendez le provençal.

Un brillant éclairage signale l'approche du Bourg-d'Oisans. Cette localité, vue de la gare, ressemble à Vichy et paraît tout élégance et raffinement. On ne voit d'autres habitations que des hôtels.

En réalité, le Bourg-d'Oisans est un chef-lieu de canton comme il y en a tant. La population, de deux mille six cents habitants, se grossit, en été, d'une foule d'étrangers, qui en font leur quartier général d'excursions. Bâti à plus de sept cents mètres d'altitude, il jouit cependant d'un climat tempéré, grâce à une position abritée des vents. Il est facilement et abondamment approvisionné. La pêche, comme il convient à une province qui avait un poisson dans ses armes, y a autrefois donné de nombreux produits, portés, d'après les usages, à la Chartreuse de Prémol, fondation pieuse du XIIIe siècle, qui disparut avec tant d'autres dans la tourmente révolutionnaire. Il faut savoir que, pendant vingt-huit ans, par suite de l'obstruction de la Romanche dans la gorge de Livet, le Bourg-d'Oisans a été un lac, le lac Saint-Laurent. Il cessa de l'être par la rupture du barrage, qui précipita les eaux sur la ville de Grenoble et l'inonda, le 14 septembre 1219.

On pourrait dire de la plaine actuelle :

Sterilisve diu palus, aptaque remis,
Vicinas urbes alit et grave sentit aratrum.

L'horizontalité du sol témoigne encore du passé lacustre de l'Oisans. Aujourd'hui le coup de filet ne ramènerait que des fossiles. Faisons exception pour des écrevisses et pour des truites appétissantes, qui peuplent certains ruisseaux des environs et la charmante rivière de la Rive, richesse et gaîté de cette plaine. Mais l'intérêt du village est hors du village même, dans les excursions dont il est le point de départ. Parmi les distractions les plus attirantes, nous signalerons le chemin de fer de la Mure, à l'une des extrémités du massif du Pelvoux.

On se rend facilement à la Mure par le col d'Ornon et Valbonnais. Le point d'arrêt est une station du chemin de fer de Grenoble à Veynes, la petite gare de Saint-Georges-de-Commiers. On trouve là une ligne d'intérêt local, à voie étroite, comportant des courbes brusques et offrant une pente de deux cent soixante-quinze millimètres par mètre. Ce railway, qui dessert l'établissement balnéaire de la Motte et une riche exploitation d'anthracite, est à ajouter aux sept merveilles classiques du Dauphiné. Il est jeté comme une échelle de corde au-dessus de riants abîmes. Parfois il rase la montagne ; parfois, se lançant dans le vide sur des viaducs audacieux, il fait passer les voyageurs, et surtout les voyageuses, par une gamme d'émotions qui va de l'enchantement à la terreur. Je l'ai comparé à une échelle : il ressemble plutôt à un lasso manié par un boucanier habile, et qui décrirait avec grâce mille crochets aériens.

Ai-je besoin de rappeler que ce vrai *chemin du paradis* mène à une véritable étape du paradis — *per angusta ad augusta* — ? L'ascension, commencée au bord du Drac, peut se poursuivre jusqu'à dix-huit cents mètres, au plateau de la Salette, célèbre dans le monde entier depuis le 19 septembre 1846. La montagne où naquirent Maximin Giraud et Mélanie Mathieu offre le piquant contraste, d'un côté, du squelette et des rochers délités du Dévoluy, de l'autre, du lapis éblouissant des plus frais pâturages. Le touriste trouverait avantage à cette excursion, alors même que le chrétien ne serait pas attiré par l'autel élevé sur le saint lieu.

Le pays d'Oisans, auquel nous revenons, mériterait de nous retenir. Si l'on fait abstraction de la vallée du Vénéon et de quelques vallons latéraux, il se résume tout entier dans le bassin de la Romanche. Placé au centre des Alpes dauphinoises, il est riche en curiosités, et il se flattait d'avoir le pic le plus élevé de la France, la noire crête dite Barre des Ecrins, à quatre mille cent-trois mètres de hauteur, avant que l'annexion de la Savoie et du Mont Blanc l'eût dépouillé de cette primauté.

Cette région tient en réserve des satisfactions pour tous les goûts et elle offre tous les mélanges.

Ses escarpements dénudés ont leurs oasis de verdure. Si l'on trouve, selon la métaphore classique, des serpents et des précipices sous ses fleurs, du moins la flore la plus riche et la plus variée constelle ses prairies. Elle forme les plus jolis ramages qu'une main de fée puisse broder sur un tapis vert. En ces lieux, la nature a de vibrantes et sauvages horreurs à offrir aux artistes ; aux fatigués de la vie la civilisation ouvre de confortables hôtels. Les bois de hêtres abritent sous leur toit le sommeil des Tityres ; les pelouses prêtent leur velours moelleux aux repas champêtres. Les mérisiers, les érables, les frênes, les tilleuls, fournissent des salles vertes à la méditation des rêveurs, tandis que les hommes positifs sondent les gisements métallifères. Le long des glaciers, les *misses* en quête de périls trouveront des crevasses où l'on peut finir de la mort d'Empédocle. Les jeunes Françaises, à qui une mère prévoyante a mis dans les mains un herbier, botaniseront d'un cœur innocent sur les coteaux où les précéda Jean-Jacques.

Grâce aux inégalités du sol et, par suite, de la

température, tous les climats, toutes les zones de végétation s'étagent dans l'Oisans. La terre, généralement fertile, est cultivée par une population laborieuse, et qu'on peut croire honnête, à en juger par les notes d'hôtel. Malheureusement les neiges hivernales, qui la condamneraient à rester sans emploi, déterminent, chaque année, un fort courant d'émigration. De même que les Savoyards d'autrefois descendaient en France, de même que les Tyroliens descendent en Italie, ainsi les habitants de l'Oisans vont en Provence, en Espagne, dans le Nord de l'Europe, dans tous les pays. Plusieurs reviennent déçus et mécontents, rapportant des habitudes de fâcheuse indépendance. Ils composent, avec certains mineurs étrangers, un foyer d'agitation révolutionnaire. Les autres émigrants, vrais oiseaux voyageurs, cédant à l'attrait du montagnard pour la terre natale, y reparaissent régulièrement au printemps. Ils consacrent le butin péniblement conquis à amender le sol autour de leur pauvre demeure. C'est que la terre maternelle leur est particulièrement chère. Elle a joui longtemps de privilèges seigneuriaux, et l'on avait quelque fierté à s'en dire originaire. On était qualifié de *prud'homme ;* on faisait partie des « preux d'Oisans ».

Arrivé à ma chambre d'hôtel, avant de me disposer au repos, je m'accoude un instant sur le rebord de ma fenêtre. Rien n'est reposant, à certains égards, comme la montagne. Quelle paix, quel bien-être on respire ! L'air est comme filtré par les hauteurs. De suaves bouffées d'oxygène s'exhalent, avec les senteurs des prés humides, du haut des massifs environnants. En face de moi, une colline aux tons clairs, tachetée d'arbustes, qui frissonnent silencieusement aux premiers rayons de la lune. Tout dort. A peine, par moments, les sons confus d'une musique, qui partent d'une habitation lointaine. Bientôt ce dernier bruit s'éteint. On n'entend même pas le carillon d'une horloge dans un clocher voisin. Le silence n'est plus coupé que par les indéfinissables bruissements de l'atmosphère, par le susurrement d'une luciole fugitive, par le sourd piétinement d'un cheval dans une écurie souterraine. Il est à peine onze heures..., le moment où s'éveille la vie mondaine à Paris.

IV

23 juillet.

Avec leurs grands sommets, leurs neiges éternelles,
Par un soleil d'été que les Alpes sont belles !
Tout dans leurs frais vallons sert à nous enchanter...

Quoique loin de la Savoie, les vers de Guiraud nous reviennent en mémoire, car ils rendent à merveille les impressions de notre journée.

Un véhicule confortable nous attend à la porte de l'hôtel, voiture bien conçue, où les sièges sont en gradins et permettent aux voyageurs des derniers rangs de voir par-dessus la tête des premiers assis. Tout serait à souhait si le car était à ciel ouvert, comme les wagons chars-à-bancs en usage, l'été, sur la ligne de la Mure, comme les compartiments sans plafond où nous faisions, il y a quelques années, l'ascension du Brenner, aux portes d'Innsbruck. Un aimable monde commence à garnir les banquettes. On s'observe au début, puis on devient plus expansif. On s'emprunte mutuellement livres, cartes, jumelles de voyage. On se pose des questions inutiles afin d'engager la conversation.

Dans le trajet du Bourg-d'Oisans à Briançon, trajet de soixante-cinq kilomètres, les Romains ont précédé nos ingénieurs. Seulement leur tracé, qui reliait Turin à Vienne, ne coïncide pas tout à fait avec le nôtre. Pour surveiller le pays gaulois ou pour d'autres raisons stratégiques, ils se tenaient à cent cinquante mètres au-dessus de la route actuelle. Leur itinéraire est jalonné de ruines à peine reconnaissables. On peut cependant apprécier une *Porte d'Annibal*, dite aussi *Porte Romaine* ou *Porte Vieille*, trois noms dont les deux derniers sont absolument justifiés. On ne sait à quelle époque cette arche monumentale a été taillée dans le roc vif.

L'archéologue qui voudrait recueillir les données du problème devrait mettre pied à terre au village du Freney, puis monter au hameau de Bons, et même plus haut, à cent cinquante mètres du chemin. C'est un peu dur. Que n'imite-t-on les gens de Saintes ! Eux aussi avaient une porte datant des Romains, l'arc de Germanicus. Ils l'ont démoli et transporté pièce à pièce au bord de la Charente, où tout à mon aise il m'a été permis de le contempler, A Poitiers, le savant P. de la Croix a fait aussi changer de place et mettre en sûreté, au jardin d'un musée, un élégant échantillon de l'architecture du XVIIe siècle, le portail richement sculpté qui décorait l'ancienne église des Augustins.

Sans se recommander d'une haute antiquité, le sillon que nous suivrons a aussi son histoire. En 1515, il a vu un détachement de la cavalerie de François Ier, figurant l'avant-garde de l'armée royale, se porter vers le Mont Genèvre, pour dépister l'ennemi, la formidable infanterie des Suisses, massée à Suse. Pendant ce temps, le roi pénétrait audacieusement en Italie par le col de l'Argentière. Après le roi-chevalier, le roi-soleil a mis à profit le tracé. Sous les ordres de son meilleur général, le duc de Villars, ses troupes se replièrent de la frontière au fort Barraux, pour faire tête au duc de Savoie, Victor-Amédée.

Plus délicats que nos aïeux, nous nous accommoderions mal aujourd'hui du parcours, s'il n'avait été rendu carrossable par Napoléon Ier, qui ordonna la reconstruction de la voie, œuvre à peine achevée de notre temps.

En partant, on passe deux fois la Romanche et, frappé par la singulière situation de deux bourgades, semblables à des postes d'observation, qui coiffent les hauteurs voisines, on demande invariablement leur nom au conducteur. Disons tout de suite qu'elles se nomment Villard-Eymond et Villard-Reymond. Mais notre interlocuteur n'est pas un maître de prononciation, et nous pensions qu'il avait deux fois bégayé les mêmes mots, quand nous vîmes les deux localités distinctement orthographiées sur une carte.

On tourne à gauche et l'on entame une rampe assez raide, dite des Commères. Ne pouvant rapprocher cette qualification de l'élégant personnel féminin qui, chaque jour, tout en jasant, monte la côte avec la voiture, nous nous demandons à quoi l'on a fait allusion. En fait de commères, nous n'apercevons qu'une humble vieille, suivant le pas à peine sensible d'un mulet, et qui prend un sentier démesurément long, conduisant à Auris. Auris est une bourgade représentée à nos yeux par deux ou trois masures, bordant un gouffre de cinq cents mètres. Elles semblent, comme les mulets, regarder curieusement l'abîme et même prêtes à y choir.

Un pont jeté sur la Romanche mène au village,

relié à la vallée par la spirale d'une route effrayante, tournant comme un lierre autour d'un socle de rocher et se perdant dans des couloirs étroits et presque verticaux, que l'on nomme cheminées dans les Alpes. La vue est fort belle de là-haut, mais il faut l'acheter trop cher. Par moments, le sentier court sur des pentes si glissantes et il est lui-même si étroit, que les muletiers se tiennent, par prudence, à la queue de leur bête. Celle-ci est de bonne composition et ne rue pas. Tout au plus a-t-elle des malices. Elle profite de ce que l'homme est distrait ou change de main pour se dégager d'un bond, et alors le malheureux court après elle, au bord de précipices que des somnambules seuls côtoieraient sans effroi.

Sensibles, à la manière de Lucrèce, à la vue de dangers que nous ne courons pas, nous arrivons, sans nous en apercevoir, aux gorges de l'Infernet, un nom fréquent dans ces contrées, comme celui du Châtelard en Savoie et celui de la Bégude dans les lieux bas du Midi de la France. L'œil plonge dans des profondeurs mystérieuses, où l'on entend plus que l'on ne voit le fleuve, notre compagnon de route, qui semble se perdre. Le car décrit des orbes qui nous permettent de contempler sous tous ses aspects un admirable cirque, dominé par des aiguilles vertigineuses, dont nous ne distinguons pas la cime noire et foudroyée, en ce moment masquée par une capeline de nuages. Nous passons par un tunnel foré dans le roc et destiné à suppléer à l'étroitesse du chemin, comme aussi à le protéger contre les avalanches. Au sortir de cette galerie, qui ne sera pas la dernière, vient un défilé aussi noir que son revêtement de gneiss, la Combe de Malaval (vallon mauvais).

Ramenés au jour, la chaleur qui règne nous rend bien venu le murmure rafraîchissant d'une cascade, dont les filets blancs reluisent sur un rocher d'ardoise et sont, sur une longueur de cent mètres, mollement balancés par le vent. Un enfant au teint bistré s'y désaltère moins platoniquement que nous. Son prognathisme facial, ses cheveux d'ébène, nous frappent, et nous nous demandons si c'est là le type indigène, quand tout à coup nous rencontrons et dépassons une baraque ambulante, une roulotte, peuplée de ces êtres indéterminés, sans nationalité, que l'on qualifie de Bohémiens. La partie jeune de la bande, nous jugeant bons à rançonner, met pied à terre et se précipite sur nos pas. On croirait voir un épisode du *Tour du Monde en quatre-vingts jours*, un train de voyageurs assailli par des Sioux.

Nous avons passé de l'Isère dans les Hautes-Alpes, au ruisseau de Rif-Tord. Pour inaugurer le nouveau département, voici les glaciers des Saussettes et de Mousset.

Bientôt reluisent au soleil, qui les irise, les vagues azurées d'une nouvelle mer de glace, la redoutable Giraude. Elle constitue une languette latérale du glacier du Mont-de-Lans, dont nous avons, sur la route de Vizille au Bourg-d'Oisans, vaguement entrevu la direction.

Au Grand-Clot sont les ateliers de lavage d'une fabrique de talc, adossée à une montagne qui épargne les frais de transport en fournissant la matière première. Un système de câbles joue en guise de monte-charge.

Ce talc est connu sous le nom de craie de Briançon. Vous en voyez les blancs échantillons, messieurs les dandys, sur le drap où votre tailleur trace le plan de ses coupes savantes. Vous en usez aussi, mesdames, qui aimez à être finement gantées. Tandis que les gantiers de Grenoble travaillent pour vous la peau du chamois, les fabricants du Clot préparent la poudre qui vous permettra d'y glisser vos doigts rebelles. Et, quand vous les retirerez, si votre main, qui n'est plus blanche, a besoin d'un savonnage, c'est peut-être le talc qui vous fournira le pseudo-savon; car le talc sert à falsifier le savon, comme il sert à falsifier la farine. Fort heureusement, à côté de ces industries, de contrebande quand elles ne sont pas de luxe, il en est d'autres plus intéressantes, la photographie, le graissage des machines, le nettoyage des chaudières, autant d'emplois donnés au talc. Signalons encore ici l'exploitation des ardoisières qui, à l'exclusion des tuileries, pourvoient à la couverture des toits, fortement disposés en pente, pour faciliter la descente des neiges, qui s'accumuleraient en poids écrasant.

Des entreprises interrompues apparaissent à côté de celles qui ont été menées à terme. Des galeries de mine trouent la paroi rocheuse, mais on a cessé d'y chercher le plomb argentifère, soit que les transports à dos de mulet fussent trop coûteux, soit par suite de la dépréciation du métal argent, l'*auri sacra fames* gouvernant littéralement, de nos jours, le monde économique.

D'ailleurs, à une époque plus éloignée, une mine d'or avait été ouverte, au Clot, grâce au comte de Provence. Des médailles, frappées avec le premier minerai extrait des puits, furent présentées à Louis XVI.

Notre caravane passe avec une attention distraite devant un établissement comme la charité pieuse du vieux temps en avait semé dans toutes les Alpes, devant l'ancien hospice de l'Oche, qu'un Dauphin avait ouvert aux voyageurs surpris par la tourmente. Nous remarquerons d'autres fondations de ce genre au col même et, plus loin, au bas de la montagne du Lautaret. Au commencement du siècle, beaucoup d'entre elles étaient tombées en ruine et durent être remplacées. Dans les Hautes-Alpes, on éleva dix *Refuges nationaux*, dits aussi *Refuges-Napoléon*, parce qu'ils furent érigés, sur les principaux cols, avec les ressources d'un legs fait au département par le premier empereur. Ils reçurent des gardiens et firent l'office de vraies hôtelleries. De nos jours, il faut louer l'initiative prise par les membres du Club Alpin et par la Société des Touristes du Dauphiné, qui non seulement ont édifié de nombreux asiles, mais en ont tarifé les prix, sans quoi ces lieux hospitaliers se fussent transformés en coupe-gorge.

V

Un dernier coup de collier de l'attelage, et nous atteignons, par une montée assez forte, la Grave. Nous débarquons devant un hôtel de bonne apparence. Midi sonne : notre première visite est pour la salle à manger.

A défaut du menu, qui n'oserait afficher de la venaison dans la saison prohibée, une tête de chamois, clouée au-dessus de la porte, montre que nous sommes en pays de chasse. Mais peu importent la nature des mets et le mérite du festin : nous avons hâte de nous lever de table, car le vrai régal est au dehors.

Sous quel jour fâcheux, par quel temps maussade, certains touristes ont-ils vu la Grave, pour trouver le pays triste et désolé ? Des étrangers qui ont pris gîte à l'hôtel, par un gai soleil, sont enchantés de leur séjour. Perché sur un mamelon, où il se déploie en amphithéâtre, le village, de douze cents habitants, a l'animation que donne toujours un cours d'eau. A une profondeur assez grande au-dessous de nous, la Romanche frange de sa blanche écume la robe verte des prés. Sa plainte éternelle, sa mélopée argentine au-dessus des galets qui barrent à demi son cours, bercent l'oreille pendant le long silence des nuits. Elle met en mouvement des usines modestes, que favorisent pour une part quelques gisements de talc. On fait ici des cures d'air et de lait. On y refait sa santé, — à moins qu'on n'y laisse la vie en se livrant au sport des montagnes et à l'alpinisme le plus effréné.

L'attrait principal du site est dans la perspective, le fond du tableau, au-dessus des rochers à pic qui surgissent en face de l'hôtel et qui forment un soubassement gigantesque aux merveilles architecturales tombées de la main du Créateur. La Meije et ses glaciers, voilà le point vers lequel tous les regards convergent, voilà le foyer de lumière qui fascine tous les yeux. On ne se lasse pas de contempler cette cime triomphante, cette pyramide partagée en trois lobes, et dont la pointe surplombante est presque à la hauteur de la Barre des Ecrins.

La Meije, dans la hiérarchie des montagnes, figure avec honneur un peu au-dessous du Mont Blanc et ne fait pas mauvaise figure à côté du Caucase. Du sommet, à près de quatre mille mètres, quel effet doivent produire ses trois glaciers étincelants : le Pacave, le Vallon, le Tabuchet ! Ce dernier est popularisé par de sinistres légendes ; il s'abaisse, par moments, avec une inclinaison de soixante degrés; il est haché de crevasses, mais il est fort opportunément pourvu, à trois mille quatre cent quarante mètres, du Refuge de l'Aigle, construit en juin 1894, et qui serait le plus élevé de France, si M. Vallot n'avait conçu sa généreuse fondation du rocher des Bosses, à trois cents mètres au-dessous de la cîme du Mont Blanc. Des arêtes sombres de rochers séparent l'un de l'autre en compartiments distincts les trois glaciers. Ils scintillent comme des réflecteurs de lumière, et l'oreille peut mesurer leur proximité au tonnerre des éboulements qui fendent leur vaste masse.

La Meije est la séduction et l'écueil des ascensionistes novices. L'ascension dure neuf heures. Au-dessus du pic de l'Homme, une croix brille, touchante affirmation de foi, mais que l'on pourrait prendre pour un symbole funéraire depuis qu'un engagé conditionnel, M. Boileau de Castelnau, gravissant, le 16 août 1877, la cime vierge de la Meije, fraya la route de la mort à d'imprudents imitateurs. L'Autrichien Szygmondy ouvrit, le 6 août 1885, la liste des victimes connues (1). Sans peine ni risque, nous faisons, de la terrasse où nous sommes, aidé d'une bonne lunette, ce qu'on pourrait appeler un voyage dans un fauteuil. Dans peu d'années, à mesure que les touristes afflueront à la Grave, on s'y donnera le spectacle en partie double dont on jouit à Chamonix : d'une part des malheureux, fourrés comme des Lapons, qui montent, d'un pas haletant, enchaînés les uns aux autres, penchés sur un bâton comme Ahasverus, défilant

1. Peu de jours après notre passage à la Grave, les journaux de Grenoble annonçaient la mort de deux hardis explorateurs, MM. Thorant et Payerne, qui ont péri, le 19 août, dans un accident de montagne, à la descente de la Meije.

le long des séracs, sur les déclivités glacées ; de l'autre, une rangée d'alpinistes en chambre, suivant dans le champ d'une forte lentille tous les détails de l'ascension, puis poussant un soupir de soulagement et chantant victoire quand le canon de Chamonix annonce que le roi des sommets européens a été gravi une fois de plus.

La Meije a été chantée par les poètes, et elle a ses fanatiques, les Meijistes, qui ne se rassasient jamais de leur commerce avec le génie de la montagne. Voyez comme ils soignent la noble cime, comme ils la caressent du regard, comme, lorsqu'elle est décapitée par un épais nuage, ils guettent sa réapparition intégrale, sa rentrée en scène, en pleine lumière.

C'est en songeant à elle que l'auteur des *Escalades dans les Alpes*, M. Whymper, soutient que le chemin du Bourg-d'Oisans à Briançon n'a de comparable, comme paysage, que l'Ortler Spitze, vu de Stelvio ; et encore ajoute-t-il que l'on préfère généralement la vue de la Meije.

Quant à Bædeker, le site lui rappelle la Wangernach, en Suisse. A de plus heureux que nous à faire la comparaison !

Le charme de la Grave ne se prolongerait pas toute l'année. La misère de la vie, la rigueur du climat, l'éloignement des centres, se font sentir, en hiver, dans toute leur âpreté. Si, parmi les indigènes, il en est qui s'ébattent au loin, comme nous l'avons raconté, d'autres sont condamnés à une immobilité complète. C'est au point que, pour suppléer aux communications que la neige rend impossibles, on détache, dans les hameaux qui dépendent de la commune de la Grave, des adjoints faisant fonction de maire, chargés des registres de l'état-civil.

Dans ces intérieurs où l'on est parqué durant six mois, quelle existence mène-t-on ? Nous qui savourons, en ce moment, la fraîcheur et les parfums des Alpes, nous doutons-nous que, dans la mauvaise saison, les fourneaux de chauffage étaient, il y a quelques années, alimentés, ici comme dans la Russie méridionale, par la fiente des animaux ? Les vaches, qui sont la principale richesse de la contrée et dont on ne lais-

LA GRAVE.
VUE PRISE DE L'ENTRÉE DU TUNNEL EN AMONT.
(D'APRÈS UNE PHOTOGRAPHIE.)

sait perdre aucun avantage, donnent une bouse que l'on pétrissait, que l'on séchait au soleil, et dont on faisait des mottes nauséabondes, pour entretenir la maigre flamme du foyer. Depuis, le chauffage au charbon s'est répandu en proportion des facilités modernes de transport.

En dégustant la bonne cuisine du restaurant, notre tablée de voyageurs soupçonne-t-elle que le pain des habitants, fait de farine de seigle, tout à fait semblable au pain de munition, est cuit pour cinq ou six mois et ne se conserve que grâce au terrain léger où le blé a été semé, grâce aussi à la chaleur torride de l'été qui le dépouille de toute humidité ? Pour qu'il ne moisisse pas, on lui prodigue le levain, puis il est sectionné en tranches et passé de nouveau au four. Le moment venu de consommer la miche, il n'est pas de dent de mousse, habituée au biscuit de mer, qui pût l'entamer, si l'on n'avait soin d'amollir le bloc pétrifié dans du lait, du vin clairet ou de l'eau pure, selon la fortune dont on dispose. Ce pain, dénué de saveur, est, paraît-il, très nourrissant, et cela tient peut-être à l'usage de le faire bouillir avec cinq ou six fois son poids de pommes de terre, assaisonnées d'une ou de deux écuelles de lait. Mets souvent unique, il est accompagné, sur les tables délicates, d'un peu de laitage et de racines. D'ailleurs, cette provision de pain qu'on fait si longtemps à l'avance, comme on embarque des conserves, répond moins à un besoin réel, celui de ménager le bois, qu'à une singulière préoccupation d'amour-propre. On montre par là à l'étranger qu'on a une huche bien garnie, et il se trouve, en fin de compte, que le pauvre, manquant de farine, goûte seul le charme du pain frais.

Les morts sont-ils mieux traités que les vivants ? Il arrive souvent que non. Dans certains villages, quand brûlent (chose fréquente) les chapelles où l'on remise les cadavres, le sort redouté dans l'antiquité, l'exposition sans sépulture, attend ceux qui ont la maladresse de quitter la vie en hiver. Ne pouvant creuser la terre, on les suspend au grenier ou sur les toits. Le printemps, qui fond la neige, leur ouvre les portes du tombeau.

Nous ne pouvons épuiser l'énumération de ces singulières coutumes (1). Nous ne pouvons faire plus ample connaissance avec la Grave : le fouet du postillon claque fiévreusement et sonne le départ. D'ailleurs notre attention est maintenant attirée du côté du Lautaret, dont nous avons aperçu, avant même d'arriver à la Grave, les croupes inférieures et les premiers plans.

Pour accéder au Lautaret, et quoique nous soyons déjà à plus de quinze cents mètres au-dessus du niveau de la mer, nous devons monter encore, traverser de nouveaux tunnels, côtoyer un village autrefois renommé, qui rappelle sous sa coiffure de chaume, derrière son enceinte décrépite, la fierté de l'hidalgo majestueusement drapé dans ses guenilles. Mais cet état de choses est près de changer. Le Villard-d'Arène regagne de l'importance, grâce à ses environs pittoresques, et il devient un rendez-vous fréquenté d'excursions. Cette commune de quatre cents habitants a été peut-être une station militaire, du temps des Romains. Pendant le Moyen-Age, elle protégea, de ses remparts, les milices de guerre des seigneurs de l'Oisans. Sous les Dauphins du Viennois, ses habitants conservèrent, comme ceux de la Grave d'ailleurs, le droit de chasser le loup, mais ils devaient offrir les dépouilles de l'animal à la cour de Grenoble, qui les prenait au prix du commerce.

1. M. Élisée Reclus en rappelle quelques-unes. V^r ses *Excursions dans le Dauphiné* (*Tour du Monde*, 1860, p. 414). On pourra consulter aussi, mais en s'armant d'une juste méfiance, un ouvrage trop dépourvu de critique, *Topographie, histoire, usages, dialectes, des Hautes-Alpes* (1820), par le baron de La Doucette, qui fut, pendant sept ans, préfet de ce département. Le livre a eu plusieurs éditions. — Cf. *Musée des Familles*, vol. 1er, années 1836-1837, p. 81 et s.

En fait de fourrures, c'est l'hermine que préfèrent les magistrats d'aujourd'hui.

Supprimez les touristes : ce ne sont pas les navets, d'ailleurs estimés, du pays, qui pourraient rétablir ses affaires. Ce n'est pas non plus le commerce des céréales, car la mousse soyeuse des prés n'est mouchetée que de maigres carrés de seigle. L'avenir du Villard-d'Arène est, en partie, attaché à la conversion en prairies de la vaste étendue de ses terres arables. Autour du village rustique, à peine quelques arbres ; on se croirait dans les plaines de la Manche, au cœur de l'Espagne. Je cherche vainement le bouleau, l'ami hospitalier des plus hardis grimpeurs, qui, dans les régions où la vie végétale s'éteint, les égaye encore de son pâle feuillage. Cette pénurie de bois oblige les habitants à aller à une grande distance, au Lauzet, faire provision d'anthracite et, quand l'anthracite manque, à recourir au combustible animal, comme parfois à la Grave.

Si les arbres nous faussent compagnie, la faune n'est guère plus abondante, du moins en bêtes sauvages. A part des escadrons volants de pesantes corneilles, elle se réduit à quelques marmottes qui séjournent à quatre lieues de là, dans le creux des rochers, près du lac de Pontet, et qui, lasses, semble-t-il, de ce paysage monotone, sifflent quand elles ne dorment pas, comme les spectateurs d'une pièce insipide. En passant, donnons un regard à l'Alp des Agneaux, montagne pyramidale, couverte de prairies magnifiques, qui du trop-plein de ses glaciers sécrète la Romanche. L'eau surabonde. On prétend qu'elle roule de l'or ; peu importe, elle n'en constitue pas moins une richesse. Elle entretient de gras pâturages, elle gazouille et sursaute dans mille canaux fortuits, qui veinent les côteaux herbeux.

Des quatre éléments que reconnaissait la physique enfantine des Anciens, deux, au Villard-d'Arène, circulent à souhait : l'air et l'eau. Le feu manque, ou tout au moins la lumière, pendant un quart à peu près de l'année. Caché derrière un rideau de montagnes, le soleil ne s'élève

HOSPICE ET CHALET AU COL DU LAUTARET.
(D'APRÈS UNE PHOTOGRAPHIE.)

pas assez haut sur l'horizon. A l'issue de l'éclipse hivernale, il sourit à peine deux ou trois heures par jour, projetant dans les habitations et dans les âmes un court rayon qui les assainit. Rien n'est triste comme la disparition de ce luminaire et de ce calorifère du pauvre : on se croirait au cercle polaire.

Pareille disgrâce est infligée à des villages des Pyrénées.

Sans chercher si loin, le bourg de l'Argentière, près du col de ce nom, le village de Méolans, l'un et l'autre dans le voisinage de Barcelonnette, Fongillarde, près de Saint-Véran, subissent à peu près le même sort. Plus près de nous encore, dans les Hautes-Alpes, poussez jusqu'à la vallée du Valgaudemar, au sud-ouest du Pelvoux, et aventurez-vous dans la petite localité des Andrieux. Une vague tradition, facilement acceptée par La Doucette, vous promettait un étrange spectacle.

Dans ces limbes alpestres, le 10 février, disait-on, on fêtait le retour du soleil aussi bruyamment que, dans le temple de Cuzco, le faisaient les Péruviens du temps passé. On offrait à l'astre de retour, non des fleurs ou des fruits, richesses inconnues sur cette terre ingrate, mais le plat typique des déjeuners improvisés, une vulgaire omelette. Comme les prêtres païens, les auteurs de ces offrandes les consommaient sur place, le dieu ne pouvant les mettre à profit. Ces sacrifices étaient accompagnés de farandoles, dans lesquelles les habitants, se prenant par la main et formant une chaîne symbolique, dessinaient gracieusement des figures de danse dans les prés.

VI.

La gaieté de ces détails fera une diversion opportune à la tristesse que m'a inspirée le premier aspect du Lautaret. Au tournant du chemin, surgit brusquement le vaste cube, aux fenêtres espacées, à l'architecture froide et correcte, à la teinte terne et grise, qui a été si souvent reproduit par la gravure, et qui représente l'Hospice national. Le Vieux-Refuge, dont les constructions sont encore debout, a été avantageusement remplacé, après avoir longtemps abrité, grâce à la charité des Dauphins, les pèlerins qui se rendaient à Rome.

L'établissement fut laissé à l'abandon quand s'ouvrit l'*ère du progrès*, en 1789. Utilisé de nouveau, affermé pour cent quarante francs l'an par le bureau de bienfaisance du Villard-d'Arène, il devait, aux termes du bail, recueillir les passagers à toute heure et en toute saison. Un chien était affecté au service de la maison, chien moins secourable sans doute que les sauveteurs du Mont Saint-Bernard, mais dont les aboiements attiraient les malheureux errants et sans asile.

Les clauses du contrat furent assez mal observées. On dormait dans la fange quand on était pauvre ; était-on riche, on évitait le cloaque humide, mais en finançant, et, au sortir de là, c'est surtout le porte-monnaie qui était à sec.

Une maison fut enfin bâtie, que deux cantonniers occupèrent, avec l'autorisation d'y tenir une auberge, mais aussi avec la charge d'ouvrir, à toute heure, aux arrivants. En même temps, le conseil municipal du Villard votait des fonds pour la reconstruction de l'hospice. Aujourd'hui, cet hospice offre les conditions d'un hôtel ordinaire et, la saison venue, il se transforme en port de salut pour les naufragés des tempêtes hivernales. A l'heure où nous y descendons, le couvert est mis sur une table déjà longue, où la rangée des serviettes disposées en cône ne paraît pas un trompe-l'œil. Le nombre des voyageurs augmentant chaque année, le gardien désigné par l'administration des ponts et chaussées n'a pas pu faire face à la besogne. A côté de l'asile qu'il dessert, où il héberge gratuitement les indigents et traite les gens aisés d'après des tarifs bien établis, s'est élevé, depuis 1894, un châlet-hôtel, simple et confortable, où règne le luxe de la place et qui possède un grand nombre de chambres. Les besoins de l'esprit ne sont pas oubliés, la vue d'une bibliothèque en témoigne. Cette bibliothèque résume, avec le bureau de poste et le télégraphe, les ressources de la civilisation au Lautaret.

En réalité, le trésor scientifique qui convient aux pensionnaires est moins une bibliothèque qu'un herbier. Dans le silence de ce désert glacé, ce n'est pas le langage des livres, mais celui des fleurs qui parle à l'âme. Colonisé, l'été, par les valétudinaires qui recherchent l'air pur et l'air frais, fréquenté comme point de ralliement par les coureurs passionnés de montagnes, le Lautaret, une fois la récolte faite, est une terre de désolation pour le commun des voyageurs. Dans la saison, comme la Cerdagne pyrénéenne, il mérite le nom de *paradis des botanistes*. Linné cherchait des herbes rares, non loin d'ici, à l'Alp du Mont-de-Lans, près du glacier de ce nom. Dans la campagne foisonnent l'anémone jaune, cette perle rare des jardins ; la gentiane des Alpes, si mignonne et si resplendissante, qui ouvre son étoile bleu d'azur, comme une porte hospitalière, aux rayons du jour et qui la referme à la nuit ; les tulipes diversement peintes, les mauves, les orchidées roses, les œillets, les violettes alpestres, les renoncules, les narcisses, les rhododendrons, certaines variétés du *carex*, introuvables ailleurs, enfin les pensées et les myosotis, dernier sourire de la végétation au seuil des froides régions qui sont le tombeau de la vie. La fraîcheur qui règne au Lautaret donne à cette flore délicate une suavité virginale de teintes que ne connaissent pas les brûlantes essences d'Hyères ou de Nice.

Si l'on réagit contre la première impression, on trouve aux régions désolées des montagnes un charme qui n'est pas banal. On n'est pas tous les jours en contact avec cette misère picaresque et ce *déguenillage* à la Callot. Vous vous tournez dans tous les sens ; pas un ombrage végétal, pas plus qu'au Villard-d'Arène. Tout au plus perçoit-on le rayon aigu, l'éclair inter-

GLACIER DE LA GRAVE. — COL DU LAUTARET.
(D'APRÈS UNE PHOTOGRAPHIE.)

mittent, que darde le glacier de l'Homme. Pas un être vivant, à l'exception de quelques-unes de ces vaches des Alpes, petites et agiles, qui, de loin, semblent immobiles et montées sur des jambes en bois, comme des joujoux de Nuremberg.

Les passagers du Lautaret se flattent d'avoir atteint le lieu habité le plus élevé de France. Le village de Saint-Véran compterait quelques mètres d'altitude de moins. Là, les arbres, sans fruits, croissent à deux mille neuf mètres, tandis que la hauteur du col que nous traversons est de deux mille soixante-quinze. Ce col l'emporte aussi sur une autre localité qui prime elle-même Saint-Véran, Averola, dans la Maurienne, où, d'après les meilleures mesures, on atteint deux mille trente-cinq mètres. Il domine aussi Juf, à deux mille quarante-deux mètres, dans le Val d'Avers, sillonné par le Rhin inférieur. Le Lautaret approche donc du niveau de Cresta, située dans l'Engadine, à deux mille cent-dix mètres environ, mais il reste sensiblement au-dessous de Quito et des autres villes hautes des Cordillères.

Passé le col, qui borne au nord le massif du Pelvoux, la descente commence ; elle ne s'achèvera qu'à Briançon, qui est encore à treize cent vingt-un mètres d'altitude.

VII.

Laissant partir par le col du Galibier les touristes qui vont en Maurienne, nous reprenons notre itinéraire. A gauche, la roche ferrugineuse du Combeynot jette des reflets de pourpre. Singulière répétition, sous un pareil climat, du Pentélique au soleil couchant !

Largior hic campos aether et lumine vestit
Purpureo...

Nous rencontrons bientôt l'hospice ruiné de la Madeleine. Nous n'avons plus, pour nous y acheminer, des perches placées de loin en loin et sortant, l'hiver, du linceul des neiges. Nous n'entendrons plus résonner, à travers les rafales nocturnes, la cloche secourable qui rendait l'espoir aux victimes du froid et de la faim. Outre l'asile offert dans la grange ou dans l'écurie, selon la saison, le fermier devait fournir un peu de soupe aux indigents. Ceux mêmes qui ne frappaient pas à cette charitable porte participaient aux bienfaits de l'établissement. Il rapportait annuellement de quatre à six cents francs, qui étaient, les dépenses d'entretien déduites, régulièrement répartis entre les nécessiteux de la contrée.

Les arbres reparaissent. Un cordon de peupliers marque le cours de la Guisane, nouvelle rivière que nous voyons des yeux de la foi, en suivant son cours, sans apercevoir ses eaux. Sur les bords ondule la ligne rouge et bleue d'un bataillon en manœuvres, dans l'accoutrement désordonné et pittoresque du troupier croqué par Charlet. En voyant ce fourmillement humain, on se sent renaître à la vie sociale.

Nous prenons congé des glaciers en saluant à droite la belle nappe du Casset.

Nous sommes bientôt au Monétier de Briançon et, avant même d'entendre sonner ce nom, qui indique la proximité du chef-lieu, nous avons reconnu Briançon, nous avons distingué, à mi-côte, plaqués sur un fond de montagnes qui ferment l'horizon, deux clochers à coupole, une belle rangée de maisons et les hautes murailles du fort du Château, qui profilent sur un ciel méridional leur dessin harmonieux et pur. Sur les formidables escarpements qui bordent la cuvette briançonnaise, les bastions, les redoutes à demi enterrées dans le sol, les demi-lunes reluisent sous le soleil ardent, et font à notre première forteresse de l'Est une sorte de diadème militaire.

Le Monétier fut, à l'époque romaine, une station militaire, Stabatio. Le village actuel, qui compte plus de deux mille habitants, vit sa population se reconstituer autour d'un monastère. Ce monastère, dont il a pris le nom, fut fondé, au IXe siècle, par des Bénédictins venus du couvent piémontais de Novalese, qui jetait alors son plus grand éclat. Après une interruption, le service fut assuré par la prévôté d'Oulx, dont les membres levaient les dîmes dans le Briançonnais, avant 1789, et portaient le nom de chanoines réguliers de St-Augustin. En Italie, l'abbaye qui avait succédé à l'ancienne maison-mère disparut en 1855, sous le ministère de Cavour, qui supprima les couvents avec un acharnement comparable à celui des hommes de 1793.

Le Monétier renferme une église du XVe siècle, du plus curieux caractère, et cette église elle-même garde un joyau de prix, une croix processionnelle, en vermeil, façonnée à Grenoble, au XVIe siècle.

De nos jours, le village a dû une prospérité momentanée à deux sources d'eau chaude, qu'il est curieux de voir sourdre au pied des glaciers. Deux établissements thermaux furent construits, au XVIIIe siècle, autour de trois piscines, que l'on dit dater des Romains. Depuis, ils ont été confondus en un seul et, quoique cumulant tous les services, celui-là a encore des loisirs. En 1862, cependant, il attirait une grande affluence. Aujourd'hui, à le voir si médiocrement achalandé, on s'explique peu le titre de Monétier-les-Bains. que la commune a tenu à prendre, il y a peu d'années, au lendemain d'un incendie, quand elle renaissait, on peut dire, de ses cendres.

Si les eaux, comme on le prétend, calment les nerfs surexcités, beaucoup de nos contemporains devraient être leurs tributaires. On soigne également ici les maux d'estomac et les fractures. On les soigne, ai-je dit ; les guérit-on ? Je laisse à de plus entendus le soin de prononcer.

Le suffrage des bêtes, qui n'est pas le moins autorisé, consolera les habitants du Monétier de voir leurs bains dédaignés de l'espèce humaine. L'une des deux sources renferme des principes salins dont sont friands les bœufs et les chevaux. Par malheur, si les bœufs sont nombreux, les chevaux sont rares. Ils seraient excellents pour le service de la cavalerie légère ; mais la garnison de Briançon n'a pas de régiment de cavalerie. Nous ne sommes pas en pays de fourrage, et, dans la montagne, le cheval est de peu d'utilité.

Si minime qu'elle soit, voilà la contribution que le Monétier apporte à l'art médical ou vétérinaire. Jadis, avant l'arrivée de saint Eldrade, prétend-on, on s'y pourvoyait de serpents, cet emblème du prudent Esculape. A l'aide d'un sifflet aigu, les cultivateurs attiraient les vipères. Ils les saisissaient d'une main gantée et les jetaient dans un sac, qu'ils allaient déballer chez les pharmaciens d'Italie, à Gênes ou à Turin. Un animal venimeux devenu guérisseur de l'humanité, voilà une opération qui vaut la transmutation des métaux !

Les eaux naturelles, plus que les eaux minérales, feront la fortune du Monétier. On les emploie de plus en plus dans les prairies et les cultures, qui alternent avec les forêts de mélèzes, et qui feront, plus loin, place elles-mêmes aux vergers et aux jardins de ville. Cette végétation de rapport, qui offre un tableau un peu monotone, est diversifiée par des guirlandes et des dessins de fleurs. Des lis de couleurs variées, brillant paradoxe de la nature, arrachent des cris de surprise aux botanistes. Les cascades, les ruisselets, font miroiter de toute part leurs flots de cristal, au-dessus desquels les sapins croisent leurs peignes feuillus *(abies, pinus pectinata)*, et où plonge, par intervalles, et se mire, entre deux poursuites, la tête fine du chamois.

Avant d'atteindre Briançon, nous croquons au passage, avec la rapidité d'instantanés photographiques, la silhouette d'humbles localités, dont quelques-unes ont une histoire : ainsi l'espèce de phalanstère industrieux de la Salle. Dans certains hameaux, comme le Bez, de belles pierres ont été employées à là construction des maisons. Ce luxe apparent est une sage précaution des particuliers. L'administration départementale n'est pas moins en garde contre l'incendie. Quand un village brûle et qu'une subvention est accordée pour le reconstruire, le cahier des charges exclut le chaume ou le bardeau, comme mode de toiture, et exige l'ardoise ou la tuile.

Sur la crête des monts qui dominent la chaussée, à gauche, dans la direction de la frontière, sur la montagne de la Salle en particulier, règnent des lignes de retranchement, que l'on attribue généralement à Berwick, mais qui paraissent remonter plus haut, au temps des arquebuses, et que Lesdiguières a dû établir de 1590 à 1600. Quant aux opérations de Berwick, elles se sont développées dans toute la vallée de la Guisane.

Sous des dehors un peu froids et dédaigneux de plaire, c'est une figure faite pour arrêter le regard de l'histoire, c'est un vrai type de héros, que ce fils de Jacques II, qui devint, par reconnaissance filiale, citoyen de notre pays, qui l'aima jusqu'à lui sacrifier ses affections les plus chères, jusqu'à combattre Philippe V, dont il avait soutenu le trône, jusqu'à écrire au duc de Liria, officier général dans l'armée espagnole, ces lignes dignes de Plutarque : « Songez, mon fils, à faire votre devoir contre moi ; je ferai le mien contre vous. » Mêlé de bonne heure à la vie des camps, il n'y avait pas terni la pureté de sa jeunesse. Marié deux fois, il offrit le modèle des vertus domestiques, et il aurait été un père de famille exemplaire s'il avait moins négligé ses intérêts particuliers. Catholique très ferme et de piété pratique, il ne sévit contre les Camisards qu'à la dernière extrémité (1) et ne déploya jamais, dans les disputes religieuses, le zèle amer qui égara quelques-uns de ses contemporains.

Soldat soumis à ses chefs, puis chef aimé de ses soldats, il fut, en toutes circonstances, l'homme du devoir simplement et silencieusement accompli. Egalement habile à négocier et à combattre, c'est grâce à lui, grâce à ses instances, que le traité d'Utrecht nous attribua la vallée de Barcelonnette, « qui nous était, dit-il, d'un si grand avantage pour défendre l'entrée de la Provence et du Dauphiné (2). » Par l'intelligence et par le cœur, par sa sollicitude à ménager le sang de ses soldats et celui des ennemis mêmes (il le fit bien voir à Barcelone), par les qualités maîtresses du commandement, par le coup d'œil et le sang-froid,

---

1. La bibliothèque Méjanes, à Aix, renferme une correspondance inédite de Berwick, relative aux opérations des Cévennes. M. O. 146, t. I et III, n°s 321 à 323.

2. *Mémoires du maréchal de Berwick*, t. II, pp. 159, 160. — On consultera aussi avec profit cinq lettres inédites du maréchal, datées du col de Vars, relatives à la défense de ce passage. (*Bulletin de la Soc. d'études des Hautes-Alpes*, 2ᵉ année, 1883, pp. 119 et 337.)

par les ressources stratégiques, le neveu de l'actif et valeureux Marlborough a souvent rappelé Turenne. Il eut avec le libérateur de l'Alsace cette destinée commune d'être emporté par un boulet, laissant la France en larmes, mais singulièrement fière et comme belle de son deuil.

Quinze ans avant le siège de Philippsbourg, où il trouva la mort, et où il avait si habilement disposé son armée que le prince Eugène n'osait l'attaquer dans ses retranchements, Berwick, envoyé en Dauphiné, forçait l'admiration du duc de Savoie. Dans la campagne de 1709, il inaugura, au dire des écrivains militaires, un système de défense absolument nouveau. Pour couvrir la frontière, Catinat avait eu besoin d'au moins quatre-vingts bataillons ; Berwick n'en demanda que quarante à cinquante. Il suppléa au nombre en établissant un camp retranché sous Briançon et en traçant les raccourcis qu'il nommait ses *navettes*. Il tirait heureusement avantage du col du Galibier et des facilités de communication qu'il offre, pour porter, en un clin d'œil, ses troupes au fort Barraux, sur l'Isère, qui formait la gauche de sa ligne de défense. Son armée se mouvait avec une parfaite aisance dans un étroit espace de deux lieues, tandis qu'il avait fallu auparavant en occuper quarante. Avec une poignée d'hommes, il tenait l'ennemi en échec, comme s'il eût disposé de forces imposantes. Il était présent partout et faisait front sur tous les points. Le duc de Savoie repassa les monts, disant que jamais il n'avait vu faire la guerre avec autant de noblesse et si savamment.

Berwick fit jusqu'à trois campagnes dans le Dauphiné. Louis XIV l'avait établi dans l'Oisans et dans le Briançonnais, avec un corps d'armée d'observation. Le duc en profita pour occuper les défilés du Mont Genèvre, d'où il empêcha le duc de Savoie de pénétrer dans notre pays. Il lui tua ou fit prisonniers plusieurs centaines d'hommes à la Vachette, hameau que nous traverserons demain pour nous rendre en Italie. Ces opérations militaires nous le montrent déployant toute son industrie dans la guerre défensive, tâche dans laquelle il eut de brillants émules, Catinat, Villars, Belle-Isle, et, plus tard,

VUE PRISE DU HAUT DU GALIBIER (SOMMET DU COL).
(D'APRÈS UNE PHOTOGRAPHIE.)

pendant les guerres de la Révolution, de dignes successeurs, Kellermann, Suchet, enfin Masséna, ou, pour mieux dire, ses lieutenants, La Harpe et Lecourbe, qui firent preuve, Kellermann en Savoie, Suchet sur le Var, les derniers en Suisse, de belles facultés de résistance.

L'activité du maréchal ne se concentrait pas dans le Dauphiné et en une seule expédition. Il parcourait l'Europe, appelé partout où il fallait relever les affaires en détresse et réparer les erreurs des autres généraux. Tout en couvrant ce pays-ci, il allait débloquer Girone. Il passait, en un instant, de Catalogne en Provence, de France en Allemagne et dans les Flandres. Le long de la chaîne des Alpes, depuis la Méditerranée jusqu'au lac de Genève, aucun point n'échappait à son attention et n'était privé de son secours. Ses faits d'armes en Dauphiné furent d'autant plus remarqués que Catinat, comme nous l'avons dit, et, après lui, Villars, avaient eu, en 1692 et en 1708, à défendre cette province. Le génie de Catinat, qui lassa et épuisa l'ennemi, avait fait échouer le plan le mieux conçu pour la guerre d'invasion. Quant au maréchal de Villars, il n'obtint que de médiocres résultats, faute d'être initié à la guerre de montagne.

VIII.

A mesure que nous avançons, l'air s'attiédit. Dans une campagne soignée, l'orge, le seigle, des quadrillages d'excellentes pommes de terre, sorte d'inscription végétale en l'honneur de Parmentier, se pressent au pied des hêtres, des saules, des peupliers. Les noyers, qui prospèrent encore à onze cents mètres, dépasseraient ici leur zone normale de culture. Leur rareté est peut-être cause qu'on est plus friand de leurs produits. Comme les gamins de Rome, les cultivateurs crieraient volontiers : *Nuces, nuces !* Mais ils ne croquent pas les noix, ils les emmagasinent pour en faire de loyales confitures.

D'opulentes villas tachent de blanc l'émeraude des pelouses. Le sol de la campagne était jadis fertilisé par les sels énergiques de nombreuses eaux, canalisées sur toutes les pentes. Beaucoup de ces travaux remontaient aux anciens Dauphins. Les irrigations qu'admirait Vauban, ont disparu, pour un certain nombre, faute de bras et d'entretien. De nouvelles se créent, et les forces motrices des courants sont mises à contribution par l'industrie.

Singulièrement chaud en été, le climat de Briançon est, par voie de compensation, très rude en hiver. Malgré tout, on se doute du voisinage de l'Italie, au bleu du ciel généralement pur, à l'intensité de la lumière. L'atmosphère est tout autrement pluvieuse et inégale dans les pays du Nord.

Le site de Briançon a un cachet particulier. Plusieurs de ses montagnes sont comme jetées par le travers : on dirait des obélisques couchés sur le flanc. La constitution du sol est d'ailleurs plus solide ici que dans les Basses-Alpes, et la vie pastorale y a pris une plus grande extension.

Un certain nombre de communes louent leurs terres, comme en Dévoluy, aux propriétaires de troupeaux provençaux. Tous les ans, sous la direction de bergers venus de la Crau d'Arles et nommés *Bailes*, dans la langue du cru, on voit se dérouler sur les pentes des Alpes une longue file de moutons transhumants, musique en tête, je veux parler des grelots qu'agitent les chèvres, placées, avec les chiens et les boucs, à l'avant-garde du corps expéditionnaire. Dans des plis de terrain que nous n'apercevons pas de la route, ils trouvent des parcs fixes, où on les enferme chaque soir, et qui sont de simples enceintes en pierres sèches. La succulence de l'herbe, la pureté balsamique de l'air, la vie plantureuse que mènent les bestiaux sur la montagne, donnent à la laine une douceur et une finesse incomparables. A la mi-octobre, aux premières neiges au plus tard, la caravane redescend. Quand elle n'a pas attendu l'arrière-saison et que l'appauvrissement du pâturage n'a pas fait fondre la graisse acquise, on voit les moutons, alourdis par le poids, fourrés d'une épaisse toison, dévaler gauchement derrière les bêtes à cornes. Puis, viennent les baudets, chargés des fromages exquis qu'on fabrique dans les prairies hautes. Leur dos est pittoresquement bosselé d'un bric-à-brac de meubles de ménage et aussi des enfants trop jeunes pour marcher.

Le Bassan a contemplé dans les Apennins des émigrations semblables, et l'on croirait voir s'animer un de ses tableaux.

La transhumance, il faut le dire, est une des méthodes les plus arriérées d'élevage. Malgré les facilités données au transport du bétail par la compagnie Paris-Lyon, elle a beaucoup perdu de sa vogue. L'abondance croissante des canaux d'arrosage, dans des départements jusqu'ici desséchés et trop longtemps tributaires des prairies estivales des Alpes, la fera tomber dans un complet abandon. Ces départements élèveront bientôt sur place la totalité de leur bétail.

Les Alpins eux-mêmes, recevant, grâce à l'extension de la viabilité, les engrais chimiques qui ont déjà transformé tant de pays misérables de l'Ouest et du Centre, reconstitueront entièrement les pâtis et pourront accroître le nombre de leurs bestiaux. Ils en arriveront à avoir besoin de toute la place pour leur compte et à ne plus offrir d'hospitalité aux transhumants (1).

1. V' F. Briot, *Les Alpes françaises*, p. 87 et s.

La régénération des terrains, dans les Hautes-Alpes, est sérieusement commencée. Il y a peu de temps encore, pour une moitié à peu près, ce département était composé de territoires communaux. Depuis, l'administration forestière, justement préoccupée du reboisement, a pris le parti d'acheter aux municipalités le plus possible de terres improductives (1). En vingt ans, l'Etat a acquis plus de quarante mille hectares, dont vingt mille au moins ont été reboisés. Si l'effet n'est pas plus sensible, c'est que le mal, longtemps abandonné à lui-même, avait pris des proportions immenses. La moitié du département devrait subir le régime de l'expropriation.

Avec quel plaisir assiste-t-on au renouveau, après une si longue torpeur de la végétation! Les Israélites ne furent pas plus surpris en voyant verdir la verge d'Aaron que nous ne l'avons été en apercevant, récemment, de Gaubert à Saint-André, en voyant notamment, à Barrême et à Vergons, des coteaux, jadis nus, aujourd'hui complantés en pins, gazonnés de pousses vertes et de fraîches oasis, qui gagnent de jour en jour sur le désert de pierres. Pareille transformation s'opère dans les Hautes-Alpes. Sur la route de Grenoble à Gap, vers le col de la Croix-Haute, de jeunes plants réjouissent la vue, et on les accueille comme une promesse, promesse déjà à demi tenue.

Dans le bassin de la Durance, la tâche entreprise sera féconde en bienfaits. L'application des mesures tracées par la loi du 4 avril 1882 permettra de régulariser le cours de cette rivière et des neuf cents torrents qui la grossissent,

---

1. La commune de Chaudun nous a fourni un exemple de ce fait. V^r notre récit : *De Digne à Saint-Martin-Vesubie et à Nice*, p. 95, note 2.

après avoir traversé le terrain de deux cent quatre-vingt-douze communes. Rien n'est plus désirable que cette modification du régime hydrographique du pays. On aura l'usage sans avoir l'abus. On attirera les pluies et on préviendra les inondations. On reconstituera la population en alimentant le travail d'une foule d'ouvriers industriels, attachés à l'exploitation des bois, bûcherons, convoyeurs, etc. On transformera enfin en force vive l'énergie dormante, et jusqu'à ce jour sans emploi, de milliers de chevaux-vapeur, représentés par tant de chutes d'eau, dont le débit est encore inconstant, à l'heure où nous sommes.

Les succès obtenus en ce genre, soit dans les Vosges, soit dans le bassin de la Linth, en Suisse, appuyent les conseils donnés par les membres les plus autorisés de notre administration forestière (1).

IX.

Nous avons débouché devant la célèbre porte de Pignerol. En franchissant le pont-levis, nous admirons la triple cuirasse de remparts qui protège Briançon. Mais la voiture ne passe pas les murs, et nous allons atterrir à la ville basse, ou, pour mieux dire, au faubourg Sainte-Catherine. Ce faubourg est relié à Briançon par une avenue belle, droite, ombragée de peupliers, et raide comme la passerelle tendue d'un quai d'embarquement à un navire.

1. Dans le *Journal des Basses-Alpes* (numéros du 9 août au 15 novembre 1896), Mr Demontzey, ancien inspecteur-général des forêts, a publié une série d'articles, nourris de faits et d'aperçus, sous ce titre : *Les retenues d'eaux et le reboisement dans le bassin de la Durance*.

La ville moderne soutire à la ville emmurée une partie, chaque jour plus grande, de la population qui, dans l'ensemble, est d'environ six mille six cents âmes. Elle a un beau pont sur la Durance, qui n'est encore ici qu'un mince et modeste filet d'eau. Elle déploie des chaussées spacieuses, entretient une usine électrique, fabrique de l'essence de lavande (nous l'avons noté plus haut), du talc en se fournissant de stéarite à Fenestrelles, du beurre en achetant le lait à plus de vingt-cinq villages et en le traitant par la méthode centrifuge. Enfin elle soigne sa grande industrie de la schappe, qui fait vivre — ou qui tue — un millier d'ouvriers occupés au peignage insalubre des déchets de soie, c'est-à-dire du résidu des cocons.

Au nombre des produits réputés du pays, il n'en faut pas oublier un qui passait pour une des merveilles du Dauphiné : la *manne de Briançon*. Cette manne ne nourrit pas ; — au contraire. C'est un suc résineux, fort rare en Europe, une gomme blanche et sucrée, venue par transsudation du mélèze. Elle abonde dans les étés chauds et secs. On la trouve toute préparée, ramassée en gouttelettes, sur les brindilles vertes des jeunes arbres. Il faut la récolter au lever du soleil, car les premiers rayons la feraient fondre.

Quels services industriels rendent encore ces mélèzes, qui couvrent presque tout le pays ! Saluez ce bel arbre aux molles aiguilles, qui prend un si beau développement dans le micaschiste, qui reverdit et se renouvelle chaque année, *ut aquilae juventus*. Il fournit une ample contribution à la parfumerie, à la teinturerie, à la droguerie, à l'art des constructions. Il donne le benjoin, qui entre dans la composition de l'encens, l'agaric, employé en médecine, et d'où l'on tire un beau rouge écarlate. Il engendre cette résine subtile et pénétrante, la térébenthine de Venise. Dans les environs de Briançon, il donne surtout la manne, dont les vertus purgatives étaient autrefois fort appréciées, presque à l'égal de celles de la manne de Calabre. Enfin le mélèze, chaudement protégé lui-même par une sorte d'habit intérieur, par sa résine, protège contre le vent, contre le froid, contre la pluie, contre la mer, l'homme, dont il a déjà approvisionné la demeure. Il se façonne en lambris ; il sert de mâture à l'embarcation qui marche au souffle de la brise, et il sert aussi de charpente au châlet qui défend le montagnard contre l'ouragan.

— *Petite ville et grand renom*, dit la devise de Briançon. Le patriotisme des habitants est celui des populations de frontière. Ils ne perdent pas une occasion de rappeler leur glorieux passé. Sur deux des trois portes d'entrée, a été placée une inscription attestant qu'ils soutinrent, en 1815, un blocus de trois mois contre l'armée austro-sarde, forte de plus de quinze mille hommes. La place était sans garnison, à part quelques douaniers qui s'y étaient réfugiés. La population elle-même fit le service très pénible des forts. L'autorité supérieure du département voulait ouvrir aux assiégeants. Le commandant supérieur Eberlé, avec l'assentiment des assiégés, s'y refusa, à moins d'un ordre exprès du roi, et il sauva ainsi un important matériel de guerre, accumulé dans les murs.

On a cru voir une tradition de ces mœurs guerrières dans une coutume qu'observerait, dit-on, depuis longtemps, un hameau voisin, le Pont-de-Cervières. Le jour de la fête patronale, le 16 août, il serait de vieil usage d'y exécuter le *bacchu-ber* ou *danse des épées*, pyrrhique armée, pendant longtemps pratiquée comme la danse de guerre des Allobroges, et renouvelée des Grecs,

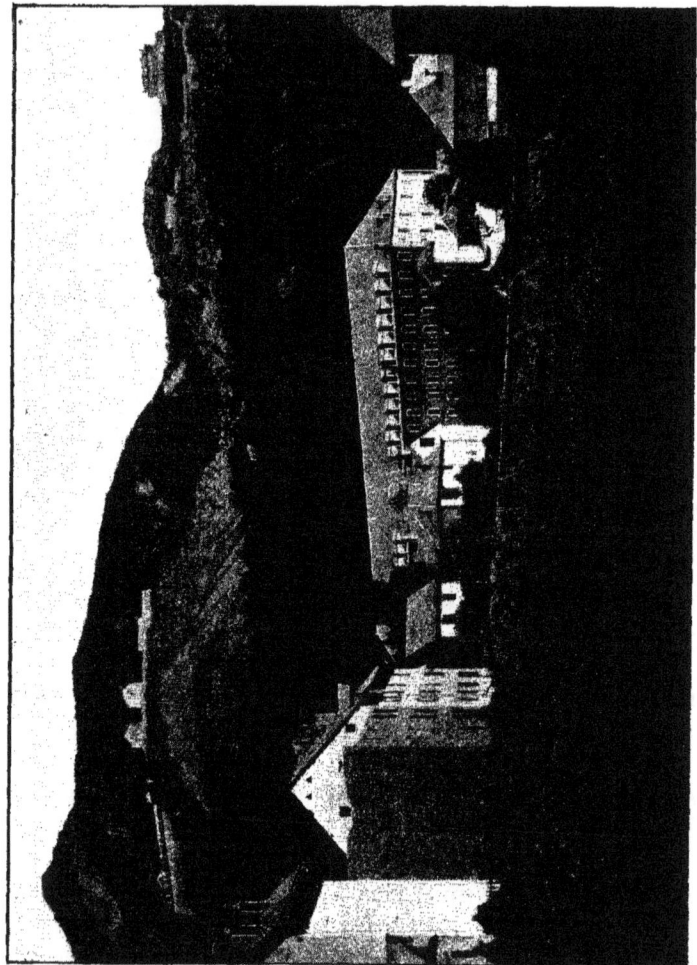

BRIANÇON. — FAUBOURG SAINTE CATHERINE.
(D'APRÈS UNE PHOTOGRAPHIE.)

aux yeux de quelques historiens, qui y voient un souvenir de la danse de Bacchus. Que cette pantomime pût être un emprunt aux Grecs de Marseille, ainsi que l'a conjecturé Duruy, ou qu'elle pût venir, comme l'a cru La Doucette, de la confédération des Caturiges, peuple d'origine hellénique, dont Briançon devint la seconde patrie, c'est un point sur lequel nous laisserons les aigles de l'érudition se quereller à coups de bec,.. de bec de plume.

Avant tout, il faut savoir si le bacchu-ber est une institution ancienne. Or, aucun historien ne le mentionne avant 1810. A l'heure présente, les Alpins, qui ne voient pas une pure invention dans l'antiquité de cet usage et qui le datent d'avant 1789, le croient imité des soldats suisses qui furent en garnison à Briançon, et qui ont pu enseigner aux habitants une danse armée, pratiquée au-delà des Alpes.

Le bon La Doucette représente les danseurs, au nombre de neuf, onze ou treize, arrivant en veste, ceints d'épées semblables à celles des Allobroges, larges, courtes et sans pointe. Ils décrivaient, dit-il, douze figures, tandis que, près de là, des femmes chantaient en chœur. La musique a été notée et le dessin des figures retracé par le narrateur. Seulement il attribue à l'influence du climat la lenteur de mouvement des Alpins et il y oppose la pétulance et le tumulte des Grecs, dont les pas rappelaient le fracas de la guerre. Nous avons peine à croire qu'un peuple éminemment artiste, si préoccupé de la grâce et de la beauté des attitudes, ait mis dans ses danses symboliques une agitation contraire au bon goût. Rappelons-nous qu'ils ont banni de la statuaire cette violence de style, où sont tombés, comme dans un piège, certains sculpteurs modernes, à commencer par les premiers disciples du Bernin.

La situation militaire de Briançon a dû contribuer au caractère énergique de ses habitants. Placée au confluent de deux rivières, taillée à pic du côté de la Durance, adossée de l'autre côté au puissant contrefort du Pouët, cette place de guerre avoisine la vallée du Guil, autrement dit du Queyras, vallée fortifiée autrefois plus qu'aujourd'hui, vallée pittoresque, dont la beauté a été longtemps ignorée, et où les touristes arrivent maintenant par caravanes et par convois. Briançon n'a pas diminué d'importance, à la différence d'Embrun et de Mont-Dauphin. Mais l'axe des opérations militaires s'est déplacé ; le trafic et les relations internationales ont pris une autre direction. Le Mont Cenis, le Saint-Bernard, le Gothard, le Simplon, on l'a remarqué, sont devenus les grands chemins des peuples occidentaux.

La ville a conservé son vieux cachet. Sombre, noire, sillonnée de soldats, elle fait penser à une Sparte nouvelle, à une sorte de couvent militaire. Comme je cherchais à me diriger : « Suivez le caniveau », me dit un officier qui passait. Le caniveau ou la gargouille est une rigole d'eau vive, qui coule dans toute la longueur de la rue principale. Elle est alimentée par de nombreuses fontaines, qui versent, dit-on, une boisson saine, tout au moins dans certaines parties de la ville haute. Des ruisselets divisent aussi par le milieu deux voies latérales et parallèles à la première.

J'escalade ces rampes ardues ; elles sont sectionnées en degrés, comme pour amortir la fatale inclinaison qui les rend à peu près inaccessibles aux voitures. Je passe devant des boutiques, des devantures d'épicerie, des étalages de bas commerce, quelque chose comme un îlot, momentanément désert, du faubourg Saint-Martin. Çà et là sont de petites places sans élégance, bordées de tables de café sans consommateurs.

Evidemment, les distractions mondaines ne font pas ici de concurrence fâcheuse aux devoirs du foyer.

La gaîté extérieure, qui rend Paris plus animé encore dans la soirée que dans le jour, fait défaut, et pourtant le principal élément de cette gaîté, l'éclairage des rues, a fait, à Briançon, une brillante apparition avec l'électricité. En 1865 encore, un architecte distingué, M. Coste (1), qui visitait la ville, le 15 août, voyait des gens circuler, le soir, une lanterne à la main, comme Diogène.

Briançon, qui éclate dans son étroite ceinture de murs, cherche à gagner en hauteur, ne pouvant s'étendre en large. Les maisons sont vieilles pour la plupart. Elles montent vers le soleil, élevées de quatre à cinq étages, pressées en rang d'oignon, ne laissant arriver aux appartements inférieurs ni jour ni air, ni, en été, la moindre fraîcheur. J'en ai visité quelques-unes. Une entrée sordide, un escalier aux marches branlantes, inégales, sorte de trou noir encadré de murs décrépits, voilà pour le dedans : il répond au lugubre aspect de la façade. Le moindre paysan de la Brie ou de la Beauce respire plus d'agrément, sous son appentis, que les grands clercs logés au centre de Briançon.

Peu de monuments. Notons seulement, au passage, la curieuse porte de l'ancien bailliage, ornée de statues de la fin du XVIe siècle. Malheureusement, la guerre civile et la guerre étrangère ont fait table rase et les édifices ont été jetés à terre ; leur histoire même a péri dans les incen-

---

1. *Notes et Souvenirs de voyage*, tome II, p. 191, 1878.

dies : une partie des archives a été brûlée en 1624. Nous savons que, longtemps avant de devenir le magasin et l'arsenal des Alpes françaises, Brigantium ou Brigantio fut, sous les Romains, un poste militaire, un gîte d'étape des légions, sur la route de Milan à Lyon : pensée stratégique très juste, disent nos meilleurs écrivains militaires (1). Certains documents épigraphiques ont été retrouvés sur des tombes et des autels votifs.

J'atteins enfin l'église, médiocre de style, tout à fait semblable à Saint-Louis de Grenoble, et qu'on ne peut regarder comme le chef-d'œuvre de Vauban. Elle a pris la succession d'un édifice situé hors la ville, près du cimetière, et datant du XVe siècle, si j'en juge par deux lions qui ornaient le porche et qui ont été transportés à Briançon.

L'intérieur dessine une croix latine et comprend une grande nef et des bas-côtés à arcades. Les pilastres sont d'ordre dorique, le transept et le sanctuaire sont à cinq pans. Un autel, où prie une enfant de quinze ans, qui ne tourne pas la tête au bruit de mes pas, paraît l'objet d'une vénération particulière. Mais le jour est trop bas : je ne distingue rien nettement et ne puis apprécier deux tableaux, que l'on dit bons et de l'école de Coypel (2).

Le style de la façade est à la fois toscan et dorique, cela se dégage nettement. Elle est surmontée de deux clochers, que nous avons aperçus un peu avant d'arriver au Monétier. Comme à la vieille cathédrale de Digne, comme au porche latéral d'Embrun, comme à la charmante loggia

1. V^r *Campagnes des Alpes, 1692, Catinat*, p. 25, par le capitaine Perreau, aujourd'hui professeur à l'école de Saint-Cyr.

2. Sur cinq toiles que renferme l'église, deux sont, nous le savons depuis peu, du peintre Louis Court, de Guillestre.

de Guillestre, comme à Vars, bientôt comme à Tende, où nous serons, les colonnes des portiques étaient supportées par deux animaux héraldiques, en marbre ; les fragments en sont encore visibles sur le devant de la porte. La faune qui illustre les Vies de Saints a généralement inspiré les architectes locaux plus que celle qu'ils avaient sous les yeux, plus que le coq de bruyère, l'ortolan, le faisan, la gelinotte, la perdrix blanche, le lièvre blanc, l'aigle, le chamois, qui repeuple avec les reboisements et qui résume aujourd'hui la grande chasse. Le bouquetin a disparu avec les vastes forêts qui tapissaient jadis les Hautes-Alpes.

Un logis nommé le Temple, qui s'élevait, dès 1560, non loin de l'église catholique, est depuis longtemps transformé en habitation particulière. Placé à l'angle d'une rue modeste, il tranche avec le caractère banal des édifices voisins, par une certaine préoccupation de style, par ses fenêtres sculptées, par un plan simple et assez élégant d'architecture. Sur un écusson en pierre je lis le millésime de 1575. On affirme à tort que cet édifice a appartenu aux Protestants. Les Protestants célébraient leur culte dans un autre local, sur la route du Monétier à Briançon. Les vrais maîtres du logis furent les Templiers. On a exproprié jusqu'à leur mémoire.

X

Humboldt remarque que rien ne nous rend sensible l'éloignement du sol natal comme la vue d'un nouveau ciel et de nouvelles étoiles. Le firmament de Briançon ne dépaysera pas les Parisiens, mais les types de physionomie leur causeront quelque surprise. Les traits sont énergiques, généralement gros, parfois taillés à coups de serpe, mais ils dénotent la franchise. On n'y voit pas, comme chez l'habitué du boulevard, le pli de la dissimulation, et cependant la population ne manque pas de finesse pratique. L'allure des gens du peuple est sans grâce, mais leur contact n'a rien de rude Ils sont calmes et doux, de système nerveux rassis. Ils n'offrent pas ce mélange d'impatience et de mollesse qui est le caractère de notre temps et de notre race, caractère qui se traduit dans toutes nos habitudes, et dans notre littérature plus que partout ailleurs.

Le mélange de sang étranger a tempéré, chez les Briançonnais, les emportements et la versatilité du naturel allobroge.

Novisque rebus infidelis Allobrox, a dit Horace (1).

Leur ancien préfet raconte d'eux des traits touchants de solidarité fraternelle, de compatissance au malheur, de protection des orphelins et des veuves. Il mentionne des institutions de prévoyance nombreuses, fondées sous l'inspiration du clergé. Il ajoute que, pendant le XVIIIe siècle, on n'a pas instruit un seul procès criminel pour attentat à la vie. Ces traditions, quoi qu'on en ait dit, sont encore vivantes de nos jours (2). On peut s'expliquer en partie le maintien des liens égalitaires et confraternels par le régime des propriétés communales, toutes désavanta-

1. *Epod.* XVI, v. 6.
2. Dans son récent ouvrage : *La Société provençale à la fin du Moyen-Age*, p. 484, M. Ch. de Ribbe publie une curieuse communication de M. l'abbé Albert, qui montre, dans le quartier de Castre, à Briançon, la survivance d'une confrérie du Saint-Esprit.

geuses qu'elles sont au point de vue économique. On se croirait revenu aux temps primitifs.

> *Privatus illis census erat brevis,*
> *Commune magnum.*

Ce régime, qui met les montagnards des Alpes Cottiennes à l'abri de l'extrême misère et leur assure une certaine indépendance, leur a permis de développer leur instruction, dont le niveau moyen dépasse celui des populations privées depuis longtemps de communaux (1). Nous en reparlerons bientôt.

Nous devons renoncer, de nos jours, au spectacle des costumes locaux. Pour contempler le joli bariolage des compatriotes de Masaniello, il faut aller aux Batignolles, et encore les modèles qui courent d'atelier en atelier ne sont-ils pas toujours des Napolitains authentiques. On retrouve parfois, dans le Briançonnais, des lambeaux des toilettes anciennes, la large veste, la culotte et le gilet longs en drap du pays, colorés en vert pour les gens de distinction, les gros bas de laine montant jusqu'au milieu de la cuisse, les guêtres, les souliers ferrés indestructibles, le bonnet de vingt sous adopté pour les jours ouvrables, et, le dimanche, le feutre à larges bords emprisonnant une chevelure mérovingienne.

Les femmes étalent encore, à leur ceinture, la chaîne d'argent fournie, soutenant les clefs et les ciseaux, ornement qui fait place, chez les personnes peu aisées, à une simple chaîne de cuivre. Mais le vieil ajustement sera bientôt culbuté par les modes sans originalité et par l'article de Paris. Les neiges d'antan passent moins vite, car la

---

1. F. Briot *Les Alpes françaises*, p. 140.

rigueur du climat les conserve d'un hiver à l'autre. Par bonheur, les mœurs durent plus que les

BRIANÇON.
(D'APRÈS UNE PHOTOGRAPHIE.)

modes. On rencontre, dans toute la région, de fréquents vestiges ethnographiques du passé. Il est vrai qu'on ne voit plus, comme au XVIIe siècle, le drame de la Passion joué dans le cimetière de Briançon. Les Monégasques, jusqu'en ces dernières années, et, de nos jours encore, les Bavarois, ont conservé ces pieuses représentations plus fidèlement que les Alpins. On ne célèbre plus des repas funèbres, à l'issue des enterrements, repas d'où la viande était bannie ; car, s'il était séant de dresser la table, elle ne devait pas être trop bien servie. Les porteurs de marmottes se font de plus en plus rares, les colporteurs de plus en plus nombreux, attirés qu'ils sont par la grande ville et la fâcheuse indépendance de la vie de grand chemin. Quelques vieilles coutumes ne sont plus qu'un souvenir, mais il en subsiste de vivaces. Nous n'en citerons qu'une, le goût de l'instruction (1).

Bien avant nos lois scolaires, qui ont prétendu faire œuvre de moralisation et de lumière, et qui y ont réussi comme l'on sait, l'enseignement primaire florissait dans les Alpes. La Révolution française, qui a désorganisé les écoles, n'a pas rompu sur ce point la tradition. L'hiver, qui séquestre le cultivateur dans son étable, favorise le travail intellectuel. Tandis que le fils cadet cherche fortune à travers le monde, l'aîné, resté au foyer, enseigne la lecture aux enfants les plus jeunes, et il se partage entre ce soin quasi-maternel et l'aide manuelle qu'il procure aux vieux parents, occupés à confectionner des vêtements grossiers. Pendant les longues veillées, le lecteur qui a la meilleure prononciation charme les loisirs de la chambrée.

Grâce à la passion de l'étude, les instituteurs privés abondaient antérieurement aux lois qui

1. V[r] la curieuse lettre du sous-préfet Chaix, adressée à La Doucette et publiée par M. l'abbé Guillaume, *Annales des Alpes*, 2e année, 1re livraison, 1898, p. 62.

ont imposé partout des écoles officielles. On les engageait pour l'hiver, aux frais de la caisse communale ; seuls, les enfants étrangers étaient tenus à une remunération (1). La commune, qui louait les maîtres, s'assurait de leur capacité en les soumettant à l'examen d'une commission, généralement composée du curé de la paroisse et de deux Notables. Le règlement de Briançon (2) portait formellement que nul ne serait admis, dans cette ville, aux fonctions pédagogiques, qu'il n'eût « été examiné par deux avocats et un bourgeois commis par le Conseil.» Le Conseil de ville fixait aussi le montant des honoraires. Un incident survenait-il, la réunion des pères de famille était appelée à statuer (3). Nous ne pourrions rêver aujourd'hui une organisation plus libérale.

Avant la loi de 1833, qui a fondé officiellement l'instruction primaire, et jusque vers 1840, on voyait les candidats aux fonctions de maître d'école d'hiver arborer une plume à leur chapeau, comme jadis, à Rome, les aspirants aux fonctions publiques s'habillaient de blanc, comme les captifs à vendre étaient coiffés d'une couronne, comme, aujourd'hui encore, les chevaux, sur le marché, sont signalés aux acheteurs par un bouchon de paille. Reconnaissables de loin à leur aigrette, les instituteurs circulaient, vêtus d'habits rustiques, à travers les foires d'automne. La Provence, le Comtat, le Languedoc, en engageaient une partie ; les autres allaient dans le Bas-Dauphiné et dans la région lyonnaise. Indépendamment des

1. Délibération du 5 sept. 1728, citée dans Fauché-Prunelle, *Essai sur les anciennes institutions autonomes des populations des Alpes Cottiennes-Briançonnaises*, t. II, p. 173.

2. V[r] l'art. 17 du règlement de 1626, *ibid*.

3. V[r] une série de délibérations du 5 sept. 1728 au 2 oct. 1791, *eod. loc.*

classes du soir, ils distribuaient l'enseignement privé pendant la journée, se contentaient d'une modique rétribution, quoique ne ménageant pas leur peine, et, après avoir tenu à peu près le rang de serviteurs à gages, ils retournaient dans leur pays. A la fonte des neiges, ils redevenaient simples cultivateurs, donnant la meilleure de leurs leçons aux enfants de nos campagnes qui, lorsqu'ils savent manier la plume, ne veulent plus de la charrue.

Pour être exempte de toute vanité mesquine, la population des Hautes-Alpes n'en a pas moins montré beaucoup de fierté comme corps politique. C'est une qualité traditionnelle de ce peuple et des peuples voisins. César, étonné du courage des Ségusiens, prédécesseurs immédiats des Romains dans le pays de Suse, avait respecté leur indépendance. Sous Auguste, le roi Cottius se soumit volontairement, et son royaume devint l'allié de Rome. Quatorze peuplades gauloises, qui le composaient, ont leur nom inscrit sur le bel arc de triomphe qu'il fit ériger dans sa capitale. En 66 de l'ère chrétienne, après la mort de Cottius, le Briançonnais, la Maurienne et Suse formèrent la province des Alpes-Cottiennes, gouvernée par un *procurator Caesaris*. Par la suite, le Briançonnais fut réuni aux Alpes-Maritimes, tandis que la Maurienne et Suse l'étaient à la Ligurie, avec Turin pour capitale.

Depuis la chute de l'Empire romain, l'histoire de Briançon est assez obscure. Nous savons qu'il a appartenu, dès 574, au roi Gontran de Bourgogne. L'empereur Conrad le donna aux comtes d'Albon (les futurs Dauphins), vers 1044. Ceux-ci respectèrent les droits et privilèges des populations.

A la ressemblance des Basques, chez qui tout

le monde est noble, à la différence des Suisses, chez qui personne ne l'est, — deux règles qui s'équivalent, — tous les habitants du Briançonnais, à un moment donné, se déclarèrent nobles d'origine et par là même libres. Il n'y eut pour personne de privilège exonérateur.

Voici comment cette transformation s'opéra.

En 1343, Humbert II avait permis aux roturiers d'acquérir des terres nobles, ce qui rendit tous ses sujets égaux (1). Il les autorisa à nommer, pour administrer, une assemblée dite l'*Ecarton*. Il fit avec eux un forfait en matière d'impôts et les tint quittes pour une somme fixe de treize mille ducats. Cet acte amena la suppression de la féodalité et donna un vif essor à la vie politique. A partir du XVIe siècle, on ne trouve plus d'aristocratie dans la contrée : les communes avaient racheté tous les droits féodaux. En 1789, trois petits fiefs absolument insignifiants étaient la seule épave du passé.

Les écartons ou associations de communes furent de petites républiques fédératives sous l'autorité du prince ou du Dauphin. Elles différaient des assemblées provinciales, établies en d'autres pays, en ce que leurs membres étaient élus par les habitants des communautés, sans distinction d'Ordre ni d'Etat. Le grand écarton général du Briançonnais se composait de cinq écartons réunis. Jamais édit royal ne s'avisa de suspendre ces assemblées.

1. Ne pouvant entrer dans de longs détails, nous renverrons à l'ouvrage de M. Fauché-Prunelle, qui parle en maint endroit des chartes de privilèges accordées aux Briançonnais, en mai 1343. Le document qui les contient reconnaissait aux populations le droit de s'assembler pour toute affaire touchant à ses intérêts. Le Dauphin Humbert II avait juré sur l'Evangile, pour lui et pour ses successeurs, l'exécution du pacte, et ce pacte reçut de Louis XVI une nouvelle confirmation. V^r t. II, p. 692.

Défendue peut-être par l'éloignement et par la difficulté des communications contre les usurpations du pouvoir central, chaque communauté de village garda, jusqu'en 1790, le droit de se réunir pour discuter ses intérêts et donner une direction autonome à ses affaires. Quoique des chartes authentiques garantissent les franchises municipales, celles-ci furent par moments menacées. La Réforme protestante, commencée au nom de la liberté, fut, là comme ailleurs, un danger pour la liberté elle-même. Les seigneurs profitèrent du trouble qu'elle suscita pour anéantir les vieux contrats, tout au moins pour les altérer. Le feu en consuma un certain nombre. Pour se mettre à couvert de ce double péril, les habitants déposèrent leurs archives au lieu le moins exposé aux flammes, dans le clocher de l'église. Ils inventèrent une cachette qui ne s'ouvrait que moyennant l'emploi de trois clefs et l'intervention de trois personnes. Ils savaient d'ailleurs que, pour violer le dépôt de leurs titres, pour arriver à la tour qui les renfermait, il fallait passer par le lieu saint, devant l'autel du Dieu vengeur, au nom de qui les chartes avaient été jurées.

Ces libertés, vivaces comme les mélèzes de leurs montagnes, selon l'expression des Briançonnais, ces libertés qui ont mûri et se sont développées, dit un écrivain du pays, au soleil de l'Evangile (1), ont porté de nobles fruits. Elles ont rendu la population méfiante à l'égard des bienfaits que leur annonçaient les promoteurs du mouvement de 1789 (2). Elles ont empêché la Révolution de se signaler ici par les

---

1. Xavier Roux : *Les Alpes*, p. 264.
2. V^r t. I, p. 33, Fauché-Prunelle.

excès, par les déchaînements de haine, qui l'ont déshonorée ailleurs. Le respect séculaire des franchises locales, — c'est un point à noter pour les partisans de la décentralisation, — a sauvé les Hautes-Alpes des tueries qui ensanglantèrent la capitale. Les hommes des professions libérales, soutenus par le peuple, qui avait confiance en eux et qui les respectait, prirent, ici comme partout, la direction du mouvement, mais ils l'empêchèrent de dévier. Les vieilles familles, qu'aucun abus ne désignait à la colère des foules, continuèrent à mener la vie des champs et elles firent rayonner, comme les lords dans les paroisses anglaises, une influence que, dans une partie de la France, elles avaient, depuis Louis XIV et le servage de cour, malheureusement perdue.

XI

Quel que soit le grand aspect de Briançon par un jour clair, je recommande aux visiteurs le spectacle d'une vue de nuit, prise du faubourg. Sur toutes les hauteurs des feux veillent, dessinant, dans toute sa beauté, l'hémicycle des montagnes. La lampe des casernes brille silencieusement derrière les croisées sans persiennes. *Vigilat ut quiescant.* Une ligne régulière comme celle d'une illumination festivale souligne la corniche supérieure du fort du Château. Quand la lune, avec sa face glabre, se lève, par les soirs d'hiver, au-dessus d'une nature en deuil, quand son livide sourire éclaire tout à coup le vaste champ des neiges, la citadelle et l'amoncellement fantastique des maisons du vieux Briançon, alors, sans le vouloir, on évoque un des souvenirs les plus dramatiques du passé. On se représente, comme dans l'expédition de 1580, le Roi des montagnes, Lesdiguières, montant à l'assaut du catholique Tallard ; on croit voir les bandes huguenotes, enveloppées dans des suaires et prêtes à escalader les glacis déserts. Effet scénique qui fut, dit le narrateur, imaginé en pure perte, et qui n'intimida pas la froide intrépidité des assiégés (1).

Avant de quitter Briançon, nous voulons être quitte envers la noble ville et faire le tour de ses remparts. Le boulevard extérieur a un charme dont est dépourvue la cité elle-même. Quand on longe la partie basse de l'enceinte, l'œil plonge dans une vallée fournie d'une riche végétation. Au fond se cachent de jolis jardins, notamment celui du général qui commande la place. Dans le ravin coule le ruisselet de la Durance.

Déjà en amont de la ville, la Durance subit une transformation. Elle triple son volume grâce à la collaboration de la Clarée. Elle maintient cependant son nom sur les cartes, tandis que la Clarée perd le sien. Un plagiaire ne ferait pas mieux.

Notre tournée nous mène à un pont qui relie à la ville les forts de l'Est. Le marquis d'Asfeld, en 1734, le jeta hardiment sur une arche unique, de quarante mètres d'ouverture et de cinquante-six mètres de hauteur. Une inscription gravée au point central du viaduc donne un souvenir reconnaissant à ce soldat, un peu oublié aujourd'hui, qui servit en Espagne et en Allemagne, sous les ordres de Berwick, qui lui succéda en Guienne, puis dans son commandement devant

---

1. V^r cet épisode dans A. de Taillas, *Notice histor. sur l'anc. communauté de Tallard*, p. 58. Grenoble, Allier, 1868.

Philippsbourg, dont il s'empara, et qui fit revivre non seulement les talents militaires de son chef dans l'attaque et dans la défense des places, mais sa piété, sa bonté de cœur et ses vertus.

Le *Pont d'Asfeld*, que nous venons de contempler, n'est pas la seule voie de communication tracée par les ingénieurs. Dans la poliorcétique moderne, ce que nous voyons est peu de chose à côté de ce qui est soustrait à nos regards. Au-dessous des routes à ciel ouvert s'étend tout un réseau de galeries, qui permettent de mobiliser rapidement les troupes. L'œuvre des fortifications a d'ailleurs été long. Commencée par Lesdiguières, à la fin du XVIe siècle, l'exécution du devis n'a été achevée que sous Louis-Philippe. Les transformations de l'armement ont souvent commandé des modifications et des additions au plan primitif. Dès 1814, on concevait le projet de nouveaux forts et de nouvelles redoutes, qui croisent actuellement leurs feux sur le parcours de quatre vallées. Le point le plus élevé est la lunette du Point-du-Jour, d'où l'on a une vue grandiose de l'ensemble.

Cet ensemble m'avait frappé, et je m'extasiais sur l'heureuse situation de notre place forte, quand un officier, mon interlocuteur, me dit : « Heureux le site tant qu'il vous plaira, mais malheureuse la garnison ! » C'est chose reçue, dans l'armée, que la garnison de Briançon est la plus à plaindre de la France.

Il faut que le conseil général des Hautes-Alpes soit peu touché de ce malheur, car il sollicite, tous les ans, l'accroissement de l'effectif attaché au département, dont les produits subiront par là une notable augmentation de prix.

Lorsqu'on lit dans les vieux chroniqueurs que, l'hiver, on doit, dans les rues mêmes du chef-lieu, se chausser de crampons ou de raquettes, pour se soutenir sur la glace et ne pas trop enfoncer dans la neige, qu'on prend les mêmes précautions pour aller chasser le lièvre blanc, malheureux animal paralysé par le froid, qui se laisse abattre à coups de bâton, lorsqu'on se représente la rigueur et la durée de la mauvaise saison, on s'apitoie très ingénûment sur le sort des officiers, pour la plupart hommes du meilleur monde, qui subissent ici, en permanence, quelque chose comme les épreuves de la Retraite de Russie.

Je suis un peu revenu de mon opinion. Un chef de bataillon, homme à l'esprit très ouvert, qui a résidé à Briançon deux années, m'a dépeint, avec un humour qui n'excluait pas l'exactitude, les avantages offerts à ses camarades, dans le pays même dont la consigne est de médire. Sans parler d'un nombreux personnel, dans lequel on peut choisir ses amis, sans parler d'un cercle bien installé, qui offre de sérieuses ressources de lecture, sans vanter la facilité de pratiquer la grande chasse et de contempler, sous un jour qui varie sans cesse, le merveilleux décor des Alpes, les neiges liliales, les palais de glace de l'hiver, les pendeloques de cristaux faisant plier les blanches ramures ; sans rappeler les émotions de la course en traîneau et tant d'autres impressions poétiques, bornons-nous à dire que le mauvais renom de Briançon a valu à sa population militaire des avantages particuliers. Ceux-ci, comme il arrive souvent, ont plus que corrigé le mal, ils ont transformé une disgrâce en privilège.

Déjà le baron de La Doucette, dans une de ses

bienfaisantes fondations en faveur du pays qu'il a longtemps administré, assurait à perpétuité aux détachements des Hautes-Alpes une abondante provision de vin. Mais il y a mieux. Jugez-en par deux anecdotes.

Passe un jour un ministre de la guerre, qui avait choisi la belle saison, le mois de juillet, pour faire une tournée d'inspection. Par bonheur, le temps était détestable. La neige étendait son tapis immaculé sous les pas de l'illustre visiteur. La bise était glaciale, et il serrait frileusement son dolman autour de sa taille. « Dans quel pays ai-je débarqué ! s'écria-t-il. Suis-je en France ou en Laponie ? » Les officiers convoqués avaient pris une physionomie de circonstance.

« Ne soyez pas surpris, mon général. Les frimas durent ici toute l'année. Lisez Reclus, vous verrez que le climat des Alpes, en hiver, est celui du Spitzberg ; que, à part Mont-Louis, dans les Pyrénées, Briançon est la ville de garnison la plus froide de France ; quelques-uns de ses forts sont plus hauts même que ceux de Mont-Louis ; toutes choses qui nous rendent la vie des plus pénibles. »

A ces réflexions douloureuses, le général fut ému, et, ne voulant pas que des frères d'armes sans reproche subissent le régime des compagnies de discipline, il alloua à la garnison un traitement supplémentaire. En outre, il fut entendu qu'après deux ans de séjour dans cet enfer de glaces, tout officier aurait droit à son changement. Notez que cette bonification, que je suis loin de critiquer à d'autres titres, se justifierait difficilement par le coût de l'existence. On peut, à Briançon, faire chère lie et festiner tout à son aise, dans une pension à soixante francs par mois, tandis qu'on en dépenserait le triple à Nice.

Ce n'est pas tout.

Passe un nouveau ministre, Boulanger. Celui-là, on pouvait le croire, ne dédaignerait pas la popularité et saurait fêter sa venue. Avisant les rochers à pic que couronnent les forts : « Comment faites-vous, dit-il au personnel qui l'entourait, quand vous êtes de service à des hauteurs pareilles ? — Nous usons nos semelles, lui répondit-on. Le militaire n'est pas riche. Nous n'avons jamais eu de carrosse à étrenner sur les lacets de routes qui mènent aux cimes. — Cela ne peut durer, reprend Boulanger, je vous donnerai des breaks. » Depuis, les officiers ont huit voitures à quatre roues, contenant chacune huit places, et dont l'entretien est aux frais de l'Etat, non du régiment. Quand ils sont retenus au quartier, leurs familles en profitent. Les excursions étant fort tentantes, l'attelage, pendant l'été, roule tous les jours et tout le jour.

Loin de nous la pensée, au moment où nous rapportons ces détails, d'envier à notre armée quelques-uns de ses privilèges! Ils n'acquitteront jamais la dette du pays envers elle. Quand on songe au régime de privations incessantes qu'impose la carrière des armes, surtout dans les postes de frontière, à cette existence menacée par l'ennemi du dehors et par l'ennemi du dedans, risquée sur les champs de bataille, dans les émeutes, dans les colonies inhospitalières, dans les foyers épidémiques des grandes villes et jusque dans les manœuvres en pleine paix, quand on voit ces fières poitrines faire un rempart constant à la nôtre, quand on pense aux fatigues continuelles qui sont l'école moderne du soldat, quand on récapitule les épreuves subies, l'éloignement de la famille, le foyer froid et désert, la maigreur de la solde compensée par un galon ou une décoration tardive ; enfin, chose cruelle, quand on est témoin de l'indifférence des pouvoirs publics qui, à Madagascar, au Tonkin, en Tunisie, traitent l'individu comme une quantité négligeable, et dont le moindre méfait est d'oublier l'armée, si tant est qu'ils ne la haïssent pas, alors, au souvenir de tant de services méconnus, de cet héroïsme de toutes les heures, on regrette, non pas les faveurs que reçoivent nos soldats, mais la parcimonie avec laquelle on les leur mesure.

Le couvre-feu a sonné; il est temps de rentrer à notre chambre d'hôtel. Nous y trouvons les aménagements les mieux conçus et d'après les données les plus modernes. Toutefois, une préoccupation nous poursuit. Après avoir tourné le bouton qui fait jaillir la lumière électrique, raffinement tout aussi connu ici qu'à Paris, à l'hôtel Terminus, en pleine gare Saint-Lazare, nous remarquons que la fenêtre donne sur la marquise du chemin de fer, et nous nous attendons à être tenus en éveil toute la nuit.

Vaine crainte !

La gare de Briançon offre les avantages d'une sinécure, et le bruit qui monte du vaste hall n'a jamais empêché personne de dormir.

Pas un employé, pas une lanterne : on n'entend même pas la respiration d'une locomotive. Tout au plus, à l'aube, un coup de sifflet retentit : c'est le train à destination d'Embrun, qui prend et qui déposera à mi-route, à la station de Mont-Dauphin, une colonne volante de touristes. Ceux-ci trouveront, à la gare, un char d'excursion, prendront le chemin de Château-Queyras et d'Abriès, et ils reviendront le jour même.

Tournons le dos à cet itinéraire séducteur, qui nous ferait dévier de notre plan de voyage. Nous gravirons le Mont Genèvre et nous dirigerons vers la Provence par le Piémont.

XII

24 juillet.

... Désireux de revoir Briançon dans la matinée, j'ai laissé partir un car élégant, qui va de bonne heure au Mont Genèvre ; une vieille berline, où j'ai l'avantage inappréciable d'être seul, me mènera un peu plus lentement au but.

La route a été conquise, à la poudre, sur le roc. Il en est ainsi jusqu'à la Vachette, hameau dont les toits brillent des lamelles grisâtres du mélèze et du sapin, saine mais inflammable couverture. Le passé de la modeste bourgade brille plus encore des souvenirs qu'y laissa Berwick. Nous l'avons dit, le général battit les Piémontais à la Vachette, et il garda si bien le passage que le duc de Savoie ne put entrer en France.

Au village des Alberts, au point où la Clarée se jette dans la Durance et où il serait plus vrai de dire que la Durance se jette dans la Clarée, la montée s'accentue. La belle et large vallée ! A mesure que nous décrivons les grands circuits du chemin, nous la perdons de vue et nous la retrouvons tour à tour, comme nous ferions d'un phare à feux tournants.

A flanc de coteau s'étagent des pins, surtout des mélèzes, dont le feuillage clair laisse passer sur la végétation herbacée des pentes la chaleur vivifiante du soleil. Les rochers sont recouverts, par de petites fleurs charmantes, d'un duvet glauque pailleté d'or. Du creux des buissons noirs sort l'œil bleu du myosotis, pudiquement levé sur nous. Comme toile de fond, des montagnes ferment la vallée de Névache. Elles sont aussi heureusement jetées que si la main d'un artiste habile avait imaginé ce motif de décoration ; et, de fait, de nombreux décors sont inspirés de ces sites. Une croix s'élève près du Val des Prés, et ce n'est pas la seule que nous rencontrons dans cette région, moins disposée pourtant que le Gapençais aux manifestations pieuses.

Nous abordons les six grands lacets qui mènent au faîte. Les forts de Briançon, à demi masqués par les premiers plans, descendent peu à peu au-dessous de l'horizon. On dirait une île volcanique qui sombre, ou le vaisseau-fantôme qui disparaît, dans le sinistre émouvant de la légende. Après deux heures de marche, par une route de promeneur absolument lisse, totalement dénuée de la poésie des accidents et des obstacles, nous avons parcouru onze kilomètres et sommes arrivé au Mont Genèvre, au plateau, jalousement surveillé de part et d'autre, qui sépare la France de l'Italie. Inutile de dire que le col, simple dépression d'arête montagneuse, a reçu le nom de *mont* comme synonyme de *montée*.

Nous ne nous douterions pas, si nous ne consultions la table des hauteurs, que nous sommes à mille huit cent cinquante-quatre mètres d'altitude. Nous ne ressentons même pas le coup de vent caractéristique qui décoiffe le voyageur, — quand il n'enlève pas la voiture, — sur d'autres cols, le col de Tende par exemple, que l'on évite aujourd'hui grâce à un tunnel percé au-dessous du sommet.

Sous nos yeux est un plateau velouté de jolis

pâturages, dont les herbages, bien abrités et exposés au midi, ondulent rarement sur leurs longues tiges. Sur la hauteur, un damier de bouquets rectangulaires témoigne de la sollicitude de l'Administration des forêts, qui reboise des terrains richement complantés jadis. La récolte, un peu tardive, ne manque presque jamais. Elle donne du seigle et de l'avoine. Le village se compose d'un pâté de maisons gaies, à balcons treillissés de lierre vierge, d'un hospice où loge la gendarmerie, et enfin de la douane française. Il compte quatre cents habitants plus ou moins agglomérés.

L'hospice, fondé en 1202 par les Dauphins du Viennois, tombait en ruine au commencement du siècle. Un arrêté des Consuls, du 28 thermidor an X, en ordonna la reconstruction, et le préfet des Hautes-Alpes, La Doucette, le confia aux Trappistes (1). Il passa plus tard aux Bernardins et enfin aux Pères Capucins. Depuis plusieurs années, il a été laïcisé et il est administré par un brigadier forestier en retraite.

L'hospide est spacieux. Aux termes des règlements, ou tout au moins des usages, les pauvres gens y sont gratuitement reçus ; les Alpinistes aussi, mais ils laissent toujours une marque de reconnaissance au tronc des aumônes. Ce tronc sert de marégraphe : le flot des voyageurs se mesure à son niveau. Dans l'ensemble, les revenus de l'établissement sont-ils en hausse ? Nous avons des raisons sérieuses d'en douter.

Ce pas du Mont Genèvre, si aisé à franchir,

---

1. Parmi les lettres inédites, récemment publiées, de Napoléon Ier, il en est une, singulièrement brutale, adressée à Savary, de Saint-Cloud, le 29 juillet 1811, dans laquelle il est question des Trappistes du Mont Genèvre.

se hérisserait, en cas de guerre, de terribles obstacles. Bloquée par deux places de guerre, Briançon en France, Exilles en Italie, la route ne tentera plus guère les envahisseurs. Au sommet, pour garder le col, du côté français, nous nous appuyons sur le fort de l'Infernet. Ce fort défend aussi l'issue des vallées du Val-des-Prés et de Cervières. Du côté italien, nous nous couvrons par les batteries du Mont Janus. En face d'elles, à gauche, croisant leurs feux avec les nôtres, apparaissent celles du Chaberton, montagne pyramidale, aimée des ascensionnistes, mais interdite, depuis quelques années, à nos compatriotes par le génie italien.

Nos ombrageux voisins, qui nous empêchent de monter chez eux, sont souvent tentés de descendre chez nous. S'ils pénétraient dans la vallée de la Durance, ils trouveraient, en sus de Briançon, la barrière de Mont-Dauphin. Outre ce verrou de fermeture, la vallée est défendue, croit-on généralement, par l'inutilité même d'une occupation militaire. Elle n'est pas riche en ravitaillements, et, en contraste avec les vallées du Drac, de l'Isère, du Rhône, de la Saône, de la Seine, elle n'aboutit, dit-on, à aucun point stratégique important (1).

Cette appréciation ne paraît pas tout à fait conforme à celle des hommes du métier. Le capitaine Perreau signale des études récemment publiées en Italie, où l'on voit l'avantage qu'aurait une armée de la Triple-Alliance à pousser droit au Rhône, le long de la Durance et de la Drôme, en évitant le camp retranché de Grenoble et en se couvrant, par les massifs secondaires du Pelvoux, du Devoluy

---

1. V^t Duruy, *Introd. à l'Histoire de France*, p. 143.

et du Vercors, contre les attaques parties du chef-lieu du Dauphiné (1).

Poursuivons notre route et faisons quelques pas encore. Nous sommes en face d'un obélisque, haut de dix-huit mètres, érigé en l'année 1807, par les soins de La Doucette, pour commémorer l'achèvement de la voie actuelle, voie qu'il avait commencée en 1802, malgré une vive opposition, et en faisant des avances personnelles d'argent. Dix-huit communes briançonnaises, jointes aux soldats de deux régiments, travaillèrent, avec un noble entrain, à faciliter les communications et les échanges entre un département que le préfet avait trouvé à peu près sans routes, en proie à la disette, et les champs fertiles du Piémont. Une inscription emphatique, gravée sur le socle en latin, en français, en italien et en espagnol, déroule aux passants une page de notre histoire contemporaine. L'anglais n'a pas trouvé place sur le monument polyglotte, l'allemand non plus. Quand on l'érigea, les nationaux d'outre-Rhin ou d'au-delà de la Manche se promenaient rarement chez nous. On ne s'est préoccupé que des deux peuples voisins auxquels l'itinéraire convenait par excellence, témoin le nom qu'il a reçu : « Route d'Espagne et d'Italie. »

A un kilomètre du village un poteau est debout, semblable à ceux qui marquent le but sur les champs de courses. Notre attelage plébéien, qui ne connaît pas les secrets du turf, trotte devant sans s'arrêter. Un tour de roue encore, et l'on est en Italie.

Dans son livre *La Montagne*, Michelet a écrit : « Entre tous les chemins, je préfère les

---

1. *Campagne des Alpes*, 1692. Catinat, p. 25.

grandes voies historiques où l'humanité a passé. Pour entrer, par exemple, en Italie, j'aime mieux les antiques passages, graduels, légitimes, le Mont Cenis, le Saint-Gothard, que le saut violent du Simplon. » Par un de ces oublis dont il est coutumier, Michelet omet le Mont Genèvre. Cependant sa régularité d'accès, la douceur des rampes et l'intérêt historique du col, lui méritaient une mention. Ce passage est, je ne dis pas plein, mais encombré de souvenirs.

Souvenirs de l'antiquité tout d'abord.

Qui nous délivrera des Grecs et des Romains ?

Ce cri échappe quand on compulse les grimoires qu'ont fait pulluler les débris épars dans la région, substructions de temples païens, frises, inscriptions, vestiges de colonisation, enfin le passage d'Annibal avec quarante-six mille hommes et trente-sept éléphants. Napoléon Ier, qui n'a pas couché, quoi qu'on en ait dit, à l'hospice, dans une chambre que l'on montre, et où l'on conserve une copie de la célèbre toile : *Bonaparte franchissant les Alpes*, Napoléon n'a jamais prétendu que le général carthaginois lui eût préparé le lit ou la voie. Ce général a-t-il vraiment franchi le col ? Un des savants qui font honneur aux Hautes-Alpes, M. Joseph Roman, dit oui, prenant parti pour Polybe et Strabon contre Tite-Live (1).

Ne nous le dissimulons pas d'ailleurs, le vieux capitaine joue, dans les Alpes, le même rôle à peu près qu'Hercule, dans le périple de la Méditerranée. Toutes les localités se disputent sa visite.

1. *Traversée des Alpes par Annibal*, in-8°, Imp. Jouglard, Gap, 1894.

Près du Pertuis-Rostan, des rochers obstruaient un passage. La légende veut qu'un vinaigre, plus merveilleux que celui des Quatre-Voleurs, ait permis à Annibal de les dissoudre (1). Non loin de là, il aurait fait un autre beau travail d'excavation, un travail de Romain, tout Carthaginois qu'il était : il aurait percé un souterrain, puis dressé une muraille et des fortifications. Pour preuve, on montre aux étrangers trois tours, qui malheureusement datent de 1316. Au mont Viso, le conquérant, toujours en veine de percement et qu'on dirait le chef d'une armée de foraminifères, aurait ouvert le tunnel qui va de l'est à l'ouest, à deux mille quatre cents mètres d'altitude : le marquis de Saluces, Louis Ier, est ainsi dépossédé de la gloire qu'il crut acquérir, au XVe siècle. Nous avons retrouvé le souvenir d'Annibal au Freney. Il aurait franchi le col du Lautaret pour passer dans la Haute-Durance. Au Petit Saint-Bernard, on signale les débris d'un *Cirque d'Annibal*. Nous n'échapperions pas à l'obsession en fuyant des Alpes aux Pyrénées. Près d'Amélie-les-Bains, au chaînon des Albères, on se heurte encore, dans un ravin, à un *Mur d'Annibal*.

En réalité, le Mont Genèvre a été le grand chemin des conquérants. Au début du siècle, il était loin d'offrir, comme aujourd'hui, une chaussée unie. Les voitures à quatre roues n'y pouvaient accéder et, pour les autres véhicules, pour les piétons eux-mêmes, la traversée n'était pas sans danger.

1. Il faut reconnaître, avec le colonel Hennebert (*Hist. d'Hannibal*, 3 vol. Imp. Nat., 1877), que l'antiquité offre des exemples de brèches faites dans des murailles, par l'action combinée du feu et d'un acide dont nous ne savons pas exactement la nature.

Faut-il énumérer les nobles pas qui ont laissé leur empreinte sur ce sol classique ? On a signalé tout d'abord la présence, en ces lieux, de Bellovèse, fondateur de Milan, les allées et venues de César traversant les Alpes pendant la campagne des Gaules. Par le défilé a passé l'armée de Constance II, poursuivant Magnence, en 353. Certains livres, que j'ai sous les yeux, veulent que le grand Théodose se soit, en 394, assuré du col du Mont Genèvre, comme des autres passages mal gardés des Alpes, avant d'infliger une mémorable défaite à l'arrogant Arbogaste et à un digne prédécesseur de nos professeurs politiciens, le rhéteur Eugène. Comme la bataille eut lieu à Aquilée, Théodose aurait fort étendu sa base d'opérations. Plusieurs fois les Lombards rougirent de sang les verts gazons de ces lieux paisibles. Leurs chefs, Amon, Gaban et Rodanus, les traversaient en 574. Quant à Pépin le Bref et au héros par excellence des chansons de gestes, l'empereur à la barbe fleurie, Charlemagne, on les amène ici subrepticement et à leur corps défendant. La voie romaine que nous avons suivie, était, faute d'entretien, devenue hors d'usage. Le premier Carolingien, se rendant en Italie, dut se frayer un passage par le Mont Cenis, col de tout temps ignoré des légions. Charlemagne a traversé le Petit Saint-Bernard.

Donnons une mention rapide à des visiteurs authentiques, mais moins illustres : Guigues le Vieux, Dauphin, qui passait en 1063 ; Hugues, duc de Bourgogne, en 1188; le Dauphin Guigues André, en 1216; Guigues VII, en 1250; Humbert Ier, en 1287 ; Jean II, Dauphin, en 1310 et en 1317 ; Guigues VIII, en 1321 et en 1322 ; Humbert II, en 1334 et en 1347.

Le Dauphin Louis de France, plus tard

Louis XI, franchit le col en 1449. En 1494, sur la route ensoleillée, a relui l'aigrette de son fils, Charles VIII, s'en allant, jeune et brillant, à la conquête du royaume de Naples. L'armée passa sans l'artillerie ni les convois, qui avaient été, dit Comines, dirigés, par la vallée du Rhône, vers la Méditerranée, et, de là, embarqués pour la Spezzia. Le transport par la voie de la montagne eût présenté, à cette époque, d'effrayantes difficultés.

Charles VIII repassa le Mont Genèvre en 1495. Le maréchal d'Humières y vint en 1537; le futur ministre d'État, Jean de Morvilliers, en 1562 ; Alexandre de Médicis, légat du Pape, en 1596. Lesdiguières s'y barricadait en 1590 et en 1600. C'est là que, en 1591, son lieutenant d'Ise battait les Piémontais et les rejetait dans la vallée de la Doire, journée qui prit le nom de *Combat des barricades*, les Français ayant obstrué la route. En 1629, Louis XIII, accompagné de Richelieu, se laissa, non sans hésitation, glisser en *ramasse* sur les pentes de la montagne, lorsqu'il se portait, avec ses mousquetaires, au secours du duc de Mantoue, et qu'il se préparait, secondé par la Meilleraie, à battre le duc de Savoie au Pas-de-Suse. Dans la campagne de 1692, Catinat avait établi son camp au Mont Genèvre. En 1708, à la tête des Austro-Sardes, Victor-Amédée II, parti pour assiéger Briançon, incendia le village. En 1746, le chevalier de Belle-Isle, frère du maréchal de ce nom, le traversa pour gagner le col de l'Assiette, où il se fit sottement massacrer, lui et la fleur de notre jeunesse guerrière, par les bataillons piémontais, qu'il avait attaqués dans des retranchements inexpugnables, retranchements dont il essaya d'arracher avec les deux mains puis, une fois blessé, avec les dents, les palissades protectrices.

Aux jours de la défaite comme aux jours de la victoire, cette terre, éminemment française, a tressailli sous le pied de nos soldats. Elle a frémi au bruit des clairons, sonnant tantôt la charge et tantôt la retraite. Le 30 août 1795, trois mille Piémontais se décidaient, après une longue inaction, à attaquer l'armée des Alpes, sur le point où nous sommes, un des plus importants de la ligne française. Leur plan était habilement conçu, mais il fut maladroitement exécuté. Le général Moulins, le général Valette et le représentant du peuple Réal, se portèrent, de Briançon, sur les endroits assaillis, et les mesures de défense qu'ils prirent assurèrent le succès des nôtres, qui n'étaient, paraît-il, que huit cents. C'est un détail d'histoire que s'abstient de relever le récent ouvrage, d'ailleurs bien composé, publié par le Club Alpin italien, sous ce titre alléchant : *Guido delle Alpi occidentali* (1).

Une des plus touchantes victimes de la Révolution franchissait, peu d'années après, le fameux passage. Pie VI, déporté par la brutalité impie du Directoire, et s'en allant mourir à Valence, en passant par Vizille, où déjà nous l'avons rencontré, était, le 30 avril 1799, dirigé sur Briançon, à travers le Mont Genèvre.

Les fatigues et les périls du trajet aggravèrent cruellement, pour le malheureux Pontife, la douleur d'être arraché de la chaire de saint Pierre. Les historiens nous le montrent couvert de plaies, soulevé avec des sangles pour prendre place sur un brancard grossier, puis suspendu, pendant quatre heures, au-dessus d'étroits sentiers, entre

---

1. V^r, relativement à ce fait d'armes, Krebs et Moris : *Campagnes dans les Alpes pendant la Révolution*, années 1794, 1795, 1796, p. 308. Plon.

un mur de vingt pieds de neige et des précipices effrayants. Le saint vieillard ne perdit rien de sa sérénité, et, comme des hussards italiens ôtaient leur pelisse pour en couvrir ses membres endoloris, il les arrêta d'un geste et les remercia avec bonté.

En 1814, les routes du Mont Cenis et du Simplon étant coupées par l'ennemi, le Mont Genèvre suffit à Napoléon pour assurer ses communications, de Paris, avec l'armée d'Italie. C'est par là que, au commencement de mai, après l'armistice du 16 avril, les troupes françaises repassèrent les Alpes, sous la conduite du lieutenant-général Grenier. Ce ne fut pas, nous dit la phraséologie du temps, sans jeter, du sommet de ces montagnes, un dernier et triste regard sur une « terre dont l'indépendance n'avait pu être cimentée par les brillants faits d'armes et par le sang d'une génération entière de braves (1). »

Ce n'est pas là le plus récent défilé de nos régiments. En 1859, une partie de nos hommes firent la route en sens inverse, pour gagner, en Italie, les champs de bataille de Magenta et de Solferino.

Le Mont Genèvre servira de moins en moins de passage aux armées. Comme nous l'avons dit à propos de Briançon, la mobilisation prend d'autres routes, celle surtout du Mont Cenis. Au lieu d'escalader une montagne, il est si doux de se laisser couler sans fatigue et sans heurt sur deux rails horizontaux, qui vous mènent, en droite ligne, de Modane à Bardonnèche. Les grandes percées de l'avenir accapareront le mouvement. D'ailleurs le massif que nous avons gravi sera

---

1. *Victoires et Conquêtes des Français,* tome XXIII, citant Koch.

éventré lui-même. Il sera traversé d'un tunnel et le col sera déserté, ici comme à la montagne du Fréjus, ici comme à Tende. Où s'arrêtera le pic des perforateurs ? Ne parle-t-on pas d'un souterrain à pratiquer dans le Mont Blanc ? Les exigences du trafic, le besoin de défendre nos transports commerciaux contre la concurrence du Gothard et du Simplon, rendent urgente cette entreprise. Le vingtième siècle verra peut-être transformer en voie de communication internationale le plus formidable rempart que la nature ait élevé entre les peuples de l'Occident.

XIII.

Nous pénétrons en Italie par une de ses plus belles portes. L'entrée est tout autrement imposante que celle qui introduit le voyageur dans le long vestibule de la Rivière de Gênes, avec ses misérables villages consistant dans une rue poudreuse, aux maisons bariolées et sans style, à la population grouillante dans une sordide et inhospitalière pauvreté. Du plateau où nous sommes, nous planons sur un sol accidenté de mamelons verts. Puis, nous nous enfonçons au milieu de contre-forts gazonnés, découpés en promontoires et symétriquement rangés, des deux côtés du chemin, comme des portants au théâtre. Les montagnes sont coupées de vallées profondes. Nous atteignons, sans trouver le temps long, à treize kilomètres de Briançon, la douane italienne. Nous sommes à Clavières *(claves)*, nom significatif pour un hameau de frontière. Je dois dire que des étymologistes sûrs dérivent l'expression de *Claperia*, amas de rochers. Avant le traité d'Utrecht, avant le 11 avril 1713, Clavières était encore reconnue à la France, avec les trois vallées briançonnaises du versant du Pô : nos pères étaient ici chez eux, et le passant foule leurs restes.

A défaut de l'idiome, qui est toujours le français, l'uniforme trahit la terre étrangère. Le rouge, le jaune et le vert jouent un rôle aussi réjouissant dans le costume des officiers que sur le plumage des aras. Je ne voudrais point désobliger des hommes voués à la profession des armes, mais il est une comparaison qui me revient involontairement à l'esprit : c'est l'*Habit d'Arlequin* du fabuliste.

> Amis, apaisez-vous, leur crie un bon pivert :
> L'habit est jaune, rouge et vert.

Deux soldats apparaissent, dont un lave consciencieusement une marmite et ne me fait pas l'honneur d'une seconde d'attention. L'autre, le brigadier, grand, beau, musclé comme nos anciens Cent-gardes, le regard droit et intelligent : « Pourquoi voyagez-vous ? » me dit-il, en me saluant avec la brièveté polie du militaire. — « Pour mon agrément, » ai-je répondu. « Je fais une fausse sortie, je quitte la France au Mont Genèvre pour y rentrer à Vintimille. » Il flaire un médiocre ami de son gouvernement, et, toujours courtois, s'excuse d'avoir à me demander mes papiers. La tracasserie ne va pas plus loin, car je suis en règle. Le cocher — qui ne m'avait jamais vu — répondait de moi et, chose plus remarquable, le brigadier, qui le connaissait à peine, paraissait le croire. Avec une naïve fatuité, je me suis appliqué le dicton : Visage d'homme fait vertu (1).

---

1. Pablius Syrus l'a sans doute inspiré : *Formosa facies muta commendatio est.*

La jolie rivière de la Doire Ripaire est défendue, aux passages dangereux, par de puissantes armatures de barrières en bois. Des travaux d'art surplombant des précipices, des murs de soutènement aux talus immenses, des ponts-levis, des fossés béants et insondables, tout un ensemble guerrier surgit, formant un pittoresque dédale. Par un couloir aérien, la voiture s'y engage intrépidement. On entend parler de puits de mine établis dans le roc et prêts à faire sauter la route. Elle n'est pas déjà si rassurante !

De baraquements en planches sort une fumée appétissante, qui annonce l'heure de la soupe. Elle doit être la bienvenue pour le soldat, à qui l'Etat ne paye, dit-on, en Italie, comme en Allemagne, qu'un seul repas par jour.

Au sortir du labyrinthe, la diligence double le pas et roule gaiement sur une chaussée en pente, dans un nuage de poussière, sous les flèches ardentes du soleil. A l'extrémité d'un long crochet, les toits rouges d'une petite agglomération étincellent, piquant dans un nid de verdure une note claire et méridionale. Nous voici à Césanne, que quelques auteurs écrivent Sésane, et que les Français prononcent invariablement Sésame, comme s'il s'agissait d'une graine oléagineuse ou de la caverne des Quarante-Voleurs. Césanne est une ville ouverte, n'exigeant le mot de passe d'aucun Ali-Baba. Nous mettons pied à terre. Ici est la bifurcation pour les passagers qui se rendent à Fenestrelles.

La halte est courte. Je fais les cent pas dans l'artère principale, bousculé par un tohu-bohu de réservistes, de mulets, de fourgons d'artillerie ; car on est en temps de manœuvres. Des militaires flamboyants, hauts en panache, véritables oiseaux de paradis, vont et viennent sous le regard des patriotes charmés.

La population a déjà les habitudes expansives d'outre-monts. La plupart des métiers s'exercent en plein air, remouleurs, savetiers, marchands de petit commerce. Les femmes font des bas, se coiffent, déjeunent, chantent et se querellent, sur le pas de leur porte. Tous les écriteaux sont en italien : les tribulations de nos compatriotes commencent. Tandis que, dans la ville d'Aoste et à Turin, tout le monde se pique de parler français, ici, à la frontière, sur les cinq cents habitants de Césanne, il n'y en aura bientôt plus dix qui comprendront notre langue, et surtout notre prononciation.

Je jette, en partant, un regard de regret sur l'église, charmant monument, dit-on, que je n'ai pu atteindre. J'ai vu, je crois, le desservant. Au passage de la voiture, d'un jardin tout proche, émerge, au-dessus d'un mur, une tête respectable, que supporte un cou sans rabat (telle est la mode italienne). Un bout de soutane apparaît. C'est évidemment le curé de la paroisse, qui donne ses commissions au conducteur, avec la simplicité charmante des mœurs de village.

Nous contournons et longeons les croupes puissantes du Chaberton. La vallée se resserre et n'offre d'autre intérêt que quelques maisons, à gauche, à mi-côte, d'une configuration semblable à celle de cages à poulets, d'où quelques jeunes oisillons nous regardent passer, les yeux collés contre les barreaux. Une bruine pénétrante commence à tomber et me gâte un peu la place que j'ai choisie, sur le siège, en plein air. Par des prés ombragés de noyers, nous arrivons à Oulx, dans la vallée de Bardonnèche. A ce moment, un rayon fortuit du couchant dore le massif du Mont Cenis et le désigne à notre attention.

Ici, les voyageurs vont se tourner le dos les uns aux autres, ceux-ci demandant à voir au plus tôt Suse et Turin, ceux-là regagnant la France. Pendant une longue attente du train, je songeais aux grands épisodes de l'histoire qui ont illustré l'humble bourgade, à cette vieille prévôté, aujourd'hui en ruine, qui avait été déjà brûlée et reconstruite sous René de Birague (*sub Renato renata*); je songeais au quartier général qu'avaient établi à Oulx Catinat, puis Villars, et, un siècle plus tard, aux marches et contre-marches que firent, dans ces parages, les armées de la première République. Au mois de mai 1794, le général Dumas, homme de couleur, géant faraud, un de ces tambours-majors faits pour passer de la canne à pomme d'or au bâton orné d'abeilles, accomplit, en ces lieux, des exploits qui n'ont pas eu besoin, pour intéresser nos contemporains, des broderies historiques du plus hâbleur des romanciers, son illustre fils. Nous renverrons le lecteur désireux de s'instruire à l'ouvrage richement documenté de MM. Krebs et Moris(1). L'exposé de ces prouesses nous entraînerait trop loin.

En fait de militaires, nous ne trouvons plus, à Oulx, que deux magnifiques jouvenceaux, colosses doux et bénins dans une tâche rébarbative, deux de ces carabiniers qui, aux gares de chemin de fer, dévisagent, comme nos gendarmes, les voyageurs suspects et les confrontent avec les signalements envoyés par les Parquets.

Eux aussi s'informent auprès de nous du motif de notre voyage. Puis, ils se concertent, méditent

1. P. 104.

un moment, et, avec les circonlocutions voulues, nous demandent notre passeport. Je n'ai eu, dans la suite, de l'autre côté des Alpes, aucune nouvelle investigation à subir de la part des autorités italiennes. Dois-je le dire ? La douane française m'a donné plus d'ennui. Elle s'est convaincue *de visu* que mes malles ne contenaient pas de cigares, — qu'en aurais-je fait ? — pas d'allumettes étrangères ni de dynamite, pas de livres de propagande. Car nos écrits politiques ont un mauvais renom, comme nos allumettes et notre dynamite. Pas plus que les premières, ils ne donnent de lumière; aussi bien que la seconde, ils communiquent l'incendie.

APPENDICE.

Les vues de pays mises à profit dans les quatre premiers récits, nous ont été obligeamment communiquées par M. Giletta, qui tient, à Nice, une maison de photographie universellement connue.

Nous devons à l'exquise bienveillance de M. d'Yochet, directeur, à Paris, de la Société alsacienne des Constructions mécaniques, le dessin inédit de locomotive à roue dentée qui a été intercalé dans les pages relatives au chemin de fer de la Turbie.

Le dessin et les photographies ont été confiés à un habile graveur parisien, M. Moret. M. Moret en a tiré, sous la forme de phototypies, tout le parti que son talent nous faisait espérer.

Les vues de la Grave et du Lautaret nous ont été fournies par M. Huet, celles de Briançon par M. Lemercier, deux amateurs qui entretiennent, au milieu de fonctions administratives et judiciaires absorbantes, le culte le plus assidu et le plus intelligent des beaux-arts.

C'est un devoir pour nous, au moment de clore ce volume, de remercier les collaborateurs bénévoles qui nous ont permis de l'illustrer.

TABLE DES MATIÈRES.

AVANT-PROPOS 7
DE SAINT-RAPHAEL A SAINT-TROPEZ ET A HYÈRES. 9
DE MARSEILLE A GRASSE. LE CENTRAL VAR. 23
LA COTE D'AZUR, LE CHEMIN DE FER DE LA TURBIE, NOTRE-
 DAME-DE-LAGHET. 49
DE DIGNE A SAINT-MARTIN-VÉSUBIE ET A NICE. 87
DE GRENOBLE AU MONT GENÈVRE. 138
APPENDICE 239

TABLE DES GRAVURES.

Saint-Raphaël. — Plage et bains de mer. 11-12
Saint-Tropez par la ligne du Sud. 15-16
Ligne du Sud de la France. — Draguignan. 35-36
Ligne du Sud de la France. — Pont sur la Siagne. . . . 43-44
Locomotive à roue dentée. (Société Alsacienne de construc-
 tions mécaniques). 59-60
Chemin de fer de Monte Carlo à la Turbie. 63-64
Ligne du Sud de la France. — Entrevaux. 113-114
Sospel. — Le vieux pont. 119
Ligne du Sud de la France. — Puget-Théniers. 121-122
Saint-Martin-Vésubie 129
Le saut des Français à Duranus. 133
La Grave. — Vue prise de l'entrée du tunnel en amont. . . 177
Hospice et châlet au col du Lautaret. 181
Glacier de la Grave. — Col du Lautaret. 185
Vue prise du haut du Galibier. (Sommet du col). 193
Briançon. — Faubourg Sainte-Catherine. 201
Briançon. — Ville-haute 209

Imprimé par DESCLÉE DE BROUWER et Cⁱᵉ — Lille.

www.ingramcontent.com/pod-product-compliance
Lightning Source LLC
Chambersburg PA
CBHW071935160426
43198CB00011B/1407